マンガと会話形式で
知識ゼロでもすぐわかる！

新 **NISA** +
iDeCo +
ふるさと納税
のはじめ方

ファイナンシャルプランナー
森本貴子

ONE PUBLISHING

本書の登場人物

MORITAKA先生（森本貴子）

ファイナンシャルプランナーで、マネーセミナー講師を務める。30代までスーパー浪費家だったが、お金の知識を学び、現在は講師として活躍する。親身になってアドバイスするがゆえに、たまにスパルタ指導になりがち。

イマイチ（今市はじめ）

30歳男性。独身でひとり暮らし。上場企業の営業部に勤める。仕事はそこそこできるが、お金に無頓着で、資産運用の知識も限りなくゼロに近い。お金が貯まらないのが悩み。

のんびり（今市のん）

38歳女性。イマイチの姉。数年前にウェブ関係の仕事で独立し、フリーランスに。結婚の予定はなく、独身生活を謳歌しているが、将来のお金に対する不安もあって投資にも興味がある。しかし、ついつい先延ばしにしがちなのんびり屋さん。

イケテル（小池輝義）

35歳男性。イマイチの職場の先輩。妻と5歳の娘と3人暮らし。妻も会社員として働いているので、現在の生活には余裕があるが、子どもの教育資金などが心配で数年前から投資を始め、将来を意識した資産形成をしている。

はじめに

はじめまして。

マネーセミナー講師をしている森本貴子（もりもとたかこ）です。

本書では、2024年からスタートする新NISAをはじめ、**確定拠出年金（iDeCo、DC）**、**ふるさと納税**など、税制優遇効果が大きく、資産形成の心強い味方となってくれる制度についてくわしく説明していきます。

私は新NISA、確定拠出年金（iDeCo、DC）、ふるさと納税の3つを「**三大税制優遇制度**」と呼んでいます。

声を大にして言いたいのは、対象者であれば、**どれも確実に税制優遇を得られる**、ということ。本書を読んで、興味をもった人は、今すぐ始めることをおすすめします。

早速ですが、皆さんが三大税制優遇制度のことを、どの程度理解しているかを確認してみましょう。次の10問のクイズに答えてみてください。

✔ 理解度チェックリスト ✔

1	DCとは企業型確定拠出年金のことである
2	ふるさと納税の期限は毎年の年度末である
3	新NISAは1000円からでないと投資できない
4	新NISAは現行NISA制度を解約してからでないと始められない
5	ふるさと納税は寄付の金額が多ければ多いほど得をする
6	会社で確定拠出年金をしているのでiDeCoはできない
7	新NISAの非課税期間は無期限である
8	ふるさと納税は専業主婦（主夫）でもメリットがある
9	会社員は確定申告なしでふるさと納税ができる場合もある
10	iDeCoの資産はいつでも自由に引き出すことができる

前ページのクイズの答え

1 DCとは
企業型確定拠出年金のことである　　〇　P94へ

2 ふるさと納税の期限は
毎年の年度末である　　✕　P137へ

3 新NISAは1000円からでないと
投資できない　　✕　P37へ

4 新NISAは現行NISA制度を
解約してからでないと始められない　　✕　P68へ

5 ふるさと納税は寄付の金額が
多ければ多いほど得をする　　✕　P142へ

6 会社で確定拠出年金をしているので
iDeCoはできない　　✕　P105へ

7 新NISAの非課税期間は無期限である　　〇　P58へ

8 ふるさと納税は専業主婦(主夫)でも
メリットがある　　✕　P135へ

9 会社員は確定申告なしで
ふるさと納税ができる場合もある　　〇　P149へ

10 iDeCoの資産はいつでも自由に
引き出すことができる　　✕　P97へ

何問、正解できたでしょうか？

　正解数が5問以下の人は、これまでお金や税制優遇に関する情報に接する機会が少なかったのかもしれません。でも、知らないということは、**伸びしろがいっぱいある！**　ということ。本書をぜひ税制優遇制度や投資などお金に興味をもつきっかけにしてください。

　正解数が6〜8問の人は、もともと三大税制優遇制度に関心をもっていた人かもしれません。でも、この問題は基本中の基本なので、**まだまだ知っておくべき情報がたくさんあります**。いっしょに三大税制優遇制度について学んでいきましょう。

　9問以上正解した人は、勉強家ですね。すばらしい！　すでに制度を利用しているのかもしれませんね。本書でさらに税制優遇やお金に関する理解を深めて、**ぜひ将来の資産形成に活かしてください。**

　本書では、税制優遇制度や資産運用の知識に乏しいイマイチさんのほか、立場の異なるキャラクターとの問答形式で、三大税制優遇制度を誰にでもわかりやすく説明していきます。ぜひ私のマネーレッスンをマンツーマンで受けている感覚で読み進めてください。

　税制優遇制度は、知っている人と知らない人、実際に行動する人と行動しない人では、将来にわたって大きな差が生まれます。本書で、三大税制優遇制度のメリットを学んで、将来のお金の不安を解消してください。

　では、早速マネーレッスンを始めていきましょう。

森本　貴子

もくじ

第1章 | 将来のお金の不安を解消！ 三大税制優遇制度を使い倒そう

第4章 | メリットしかない!
会社員でも手続き簡単な「ふるさと納税」

第5章　「夢のキャッシュフロー」実現のために　もっとお金のことを知ろう

僕たちといっしょに
学んでいきましょう！

1

将来のお金の不安を解消！

三大税制優遇制度を
使い倒そう

終わりの見えない物価高、なかなか増えない給料、漠然とした
将来のお金の不安……。そんなモヤモヤを抱えている人にとっ
て、三大税制優遇制度は心強い味方となってくれます。本題に
入る前に、お金の不安を解消するための考え方を説明しましょう。

14

1

今のままで本当に大丈夫?

あなたの「現在地」を確認しよう

MORITAKA先生のマネーレッスンを受けることになった
イマイチさん。お金に関する不安やモヤモヤを一緒に解消しよう

 イマイチさん、MORITAKAのマネーレッスンにようこそ。

 先生、どうぞお手柔らかにお願いします。

 早速ですが、お金について相談したいことはありますか?

 率直にいうと、どうすればお金が貯まるか、ということです。あわよくば、お金が増えてくれればうれしいです。やはり、お金があればたいていのことは解決しますから。

 そうですね、お金がすべてではないですが、**人生で起こる多くの悩みはお金が原因のことが多い**です。お金に不安がなければ今の人生も変わってきます。

 ですよね! では、どうすればお金を増やすことができますか?

 ちょっと待ってくださいね。お金を増やすことを考える前にすることがあります。まずは、**現状を把握すること**。自分の「現在地」がわからなければ、「目的地」に向かうことはできませんよね。

 現在地ですか。とりあえず「今が楽しければOK」をモットーに生きています! だから欲しいものがあれば手に入れるのが、僕のやり方です。

 まるで昔の私と同じようなことを言っていますね……。私は、30代のとき海外のレース業界で働いていたのですが、37歳のときに失業。

当時、手にした退職金も、定職に就かず投資で失敗し、すべて使い果たしてしまいました。その頃の私は世間知らずの浪費家で、イマイチさんと同じように、「今が楽しければOK」という感じで生きていました。

先生にもそんな時代があったとは……。人に歴史ありですね。

今振り返ると本当に恐ろしいですね（笑）。そんな経験があったからこそ言えますが、今のままでは将来困ってしまうことは目に見えていますよ。今を楽しく生きることは心持ちとしては大切ですが、**お金という先立つものがなくなってしまったら、不安にとらわれて生きることになり、人生を楽しむどころではなくなってしまいます**から。

毎月、いくら貯金できていますか？

たしかに……妙に説得力がありますね。現在地を知るには、具体的に何を把握すればいいんですか？

まず、毎月どれくらいの額を貯金できていますか？

うーん……貯金は増えたり、減ったりしているので、毎月どのくらい貯まっているかはわかりません。でも、入社したときは貯金0円だったので、働き始めてから少しは貯金が増えました！　別に贅沢な生活をしているわけではありませんが、お金がなくて不自由したこともありません。だから、あまり意識して貯金をしたことはないですね。

今はいいかもしれないけど、このままだと必ず将来お金で困ることになりますよ。**お金は計画的に貯めないと、絶対に増えていきません。**

たしかに、ここ数年、ほとんど貯金は増えていませんけど……。

今は独身で若いからあまり意識しないかもしれませんが、**将来お金が必要になるライフイベント**がたくさん控えています。突然ですが、イマイチさん、結婚のご予定はありますか？

いちおう付き合っている人はいます。実は、近い将来、彼女と結婚できたらいいな、とは思っています。えへへ。

では、近い将来その彼女と結婚すると仮定しましょう。結婚したら、子どもができる可能性があります。家を購入しようという話も出てくるかもしれません。子どもが成長するにつれて、教育にかかるお金も必要になります。

うわうわ、大変だ……。

今は想像できないと思うけど、ずっと先には、退職して老後の生活が待っています。つまり、**大きな額のお金が必要になるライフイベントが多くの人にとって無縁ではない**ということです。

結婚はともかく、老後のことはあまり現実味がないですね……。

私も30歳くらいの頃は全然、将来のことを考えていませんでしたが、今になって真剣に思うのは、もっと若い頃から、将来必要になるお金のことを想定して、資産形成に取り組んでおけばよかったということなんです。

たしかにイケてる先輩も、子どものことや住宅のことでこれからお金がかかるから大変だ、とよく愚痴をこぼしています。だから、うすうす今からお金を貯めたほうがいいとは思っていましたが……。

確実に言えるのは、**お金は急に増えない**、ということ。日頃から計画的に増やしていくことが大切です。

わかりました！　僕、今日からお金を貯めます。どうしたらいいですか？

まずは毎月の収支を把握することから

まずすべきなのは、毎月決まった額を積み立てること。そのために収

入と支出を把握する必要があります。毎月の支出がどのくらいかは……把握していませんよね?

はい……恥ずかしながら。

まずはざっくりでもいいので、毎月の支出を確認して、収入がどのくらい残るかを把握すること。その差額を毎月積み立てていきます。

〔 まずは毎月の収支を把握しよう 〕

住宅費	万円	衣服・美容	万円
食費	万円	日用品	万円
外食費	万円	交際費	万円
水道光熱費	万円	車(バイク)	万円
通信費	万円	その他	万円
保険	万円		

毎月の手取り
万円
−
毎月の支出
万円

毎月の貯金(積立額)
=
万円

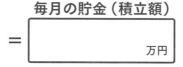

毎月積み立てられる額がわからないと、税制優遇制度も活用できませんよ

どのくらいの額を積み立てればいいですか？

 目標は収入の2割以上です。たとえば、年収が400万円なら毎年80万円を積み立てるイメージです。それを30年間続ければ、単純計算で2400万円になります。

 でも、2割も貯められるかな。あまり自信ないです。

 そういう人には、**「先取り貯蓄」**がおすすめです。生活費を使って残った分を積み立てるのではなく、先に積み立て分を確保して残った分で生活する、という考え方です。給与が自動的に積み立てられるようにしておけば、確実に貯まっていきます。

 なるほど。今月から早速やってみます！

 イマイチさんなら、きっとできますよ。

 そんな無責任なことを言ってもいいんですか？

 何事も成功の秘訣は、すぐに行動に移すことですから。ベイビーステップと私は呼んでいますが、**小さな行動を踏み出すことが何よりも大切**です。

POINT

✔ まずは毎月の収支を把握することから始めよう
✔ 毎月収入の2割を積み立てる！

2 悪いインフレに負けない 資産形成をしよう

物価が上がって家計が苦しい……

とどまるところを知らない物価上昇が家計を圧迫しています。
家計にゆとりを生むためには貯金だけでは不十分です

そもそもイマイチさんがお金のことを相談しようと思ったのはどうしてですか？

直接の原因は、最近、物価の値上がりが激しいからです。なんでもかんでも値上がりしていて、自由に使えるお金が減っているのを実感するようになって……。それでイケテル先輩に愚痴をこぼしていたら、新NISAなどお得な情報を教えてくれまして……。早く三大税制優遇制度のことを教えてください！

ちょっと待ってくださいね。新NISAなどについてはのちほど触れますが、三大税制優遇制度を使いこなすには、その前提となる知識が必要になります。その知識がないと、一時的なメリットしか得られなかったり、結局面倒くさくなって行動に移さなかったりするのはよくあるケースです。

急がば回れ、というやつですね。

ところで、イマイチさんの給料は増えていますか？

少しずつは増えているとは思うんですが、最近は出費ばかり増えているような気がします……。

経済全体のことを言うと、今のように物価が上がることを「**インフレ**」と言います。

インフレは聞いたことはあります。あまりいいイメージはないですけど。

実は、インフレには「**良いインフレ**」と「**悪いインフレ**」があります。良いインフレは、経済成長や賃金上昇にともなって物価が上昇します。典型的なのは、1955～1973年頃の高度経済成長期。インフレ率は約4.5％でしたが、その分、日本経済全体が成長し、給料もどんどん上がっていたから、生活は豊かでした。

そんな夢みたいな時代が日本にもあったんですね。

一方の悪いインフレは、物流や原材料などのコストが上がり続けて物価が上がっているにもかかわらず、経済成長や賃金の上昇、消費者需要がともなわない状態を言います。政府は賃金が上昇するよう企業に働きかけていますが、賃金の上昇額が物価上昇のペースを下回れば、どんどん生活は苦しくなっていきます。

何もしないと貯金の価値は下がるばかり……

今の日本の状態はまさに悪いインフレということですか？

悪いインフレになってしまうかどうかは、長い目で見ないとわかりませんが、インフレはモノの値段が上がり続ける一方で、お金の価値が下がることになるので、悪いインフレになれば真綿で首を締めるように、少しずつ生活は苦しくなっていくでしょうね。

ヤバいじゃないですか！

そうなんですよね。これまで100円で買えたものが、150円や200円を出さないと手に入らなくなってしまうのですから、深刻な問題です。同じ商品でも内容量が減っているということも実は起きています。これを**シュリンクフレーション**と言います。やっかいなのは、物価上昇は近年の円安傾向が関係していることです。

どういうことですか？

ゼロ金利政策を続ける日本と、利上げをしているアメリカの間で金利

差が広がっていて、ドルが買われて、日本円が売られています。**円安が進むということは、日本円の価値が下がる**ことを意味するので、海外から輸入するときのコストが上がってしまいます。

 食品や原材料の高騰が止まらない、というのは、さまざまなものを海外から輸入していることも影響しているということですか？

 そういうことです。今、海外に行くと、海外の物価が高くて、日本円の価値が下がっていることを実感するはずです。

 それは大変だ。お金の価値が下がり続けると、せっかくコツコツと貯金をしても、実質的に生活は豊かにならないじゃないですか！

 その通り！　たとえば、貯金100万円があるとします。仮にインフレが年2％のペースで続いた場合、100万円の価値は年々下がっていくことになります。

 でも、年2％なら大したことないんじゃないですか？

 本当にそうでしょうか。10年後には、現在の100万円は82万円相当まで目減りすることになります。20年後には67万円相当、30年後にはなんと55万円相当まで下がります。

 ほぼ半分になってしまうということですか!?

 そうなんです。だからこそ、今のようにインフレと円安が進んでいるような経済状況では、コツコツと貯金していても、実質的な資産は増えず、生活も厳しくなっていくことになります。

 そんな……せっかくお金を貯めても、価値が下がってしまうなんてひどすぎる。先生、どうすればいいんですか？

 もちろん、私たちにも対抗する方法があります。それは、**インフレや円安に負けないような資産形成をする**ことです。具体的には、**投資を**

してお金を**増やす**のです。

 投資ですか……。自分とは無縁の世界すぎて、遠い話に聞こえます。ああ、めまいが……。

 大丈夫！　なんでも知らないことは怖く感じるもの。ゆっくり学んでいきましょう。

〚 **物価が上がっていく中、何もしないとどうなる？** 〛

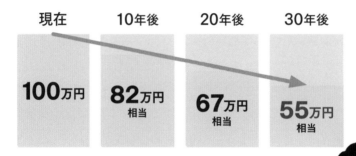

年2％のインフレが継続した場合

現在	10年後	20年後	30年後
100万円	**82**万円 相当	**67**万円 相当	**55**万円 相当

現在の**100**万円は、
30年後には**55**万円相当に！

銀行の預金はわずかしか利子がつかないから、価値は下がる一方ですね……

POINT

✔ 物価上昇やインフレに負けない資産形成をしよう
✔ ゼロ金利では資産価値が目減りしてしまう！

3 ライフプランと必要資金

いつ何が必要かを把握しよう

長い人生では大きな資金が必要になるライフイベントがあります。
教育、住宅、老後などの資金の備えはできていますか？

MORITAKA 先生、自分の「現在地」はだいたい把握できました。お金を貯める、増やす以前に、その準備さえできていないことを痛感しました。

そうですね。でも、大丈夫！　自分の現在地を知ることは資産形成の大きな第一歩になります。それに**現在地を知れば、「目的地」に向かって計画を立てることができます。**

目的地ですか？

旅行でも、使える予算が決まっていないと、行き先も何も決められないですよね？　イマイチさんは、どこか行きたい国や場所はありますか？

世界一周旅行に行きたいです！　そんなお金はないですけど……。

たしかに予算がなければ世界一周旅行をしたいといっても夢物語でしかありませんよね？　ただ、「世界一周」という目標があれば必要な金額もわかりますし、それを貯めるためのプランも立てられますから。私はそれを**「夢のキャッシュフロー」**と呼んでいます。これについては最後のほうでまた触れますね。

「夢のキャッシュフロー」ですかぁ。ワクワクする言葉ですね。なんだか希望の光が差してきました。

人生のライフプランも、これと同じ話です。**自分の資産状況や毎月の**

**収支といった「現在地」を確認したうえで、「目的地」となる将来の
ライフプランを描く。** これは資産形成や運用をするうえでは、とても
大切なことです。

正直、「お金が貯まればいいなぁ」と漠然と思っていた程度で、現在
地も目的地も頭にありませんでした。

お金が増えない人に共通する問題は、**資産形成や資産運用の目的が
はっきりしないこと**です。お金を貯める目的が明確になっていないと、
どうなってしまいますか?

欲しいものができたら、途中で貯金を引き出してしまうかも。という
か、今までの僕がまさにそうでした。

だから、お金を貯めたいなら、まずは**「目的」「目標金額」「使いたい
時期」の3つを決めること。** これが重要です。

イマイチさんは、何のためにお金を貯めたいですか?

いちばんは、お付き合いしている彼女と結婚するための資金です。「将
来のことを考えてくれているなら、お金も貯めないとね」とも言われ
ています。結婚式の費用や住居費など、いろいろと必要になりそうな
ことはわかっているんですが、まだ貯められていなくて……。

そんなことだと、彼女にフラれてしまいますよ!　しっかりしなく
ちゃ。

は、はい。どうすればいいですか?

まずは**何のために、いつまでに、どのくらいの金額を準備したいかを
決める**ことです。

勝手に2〜3年後には結婚できればいいなと思っていますが、結婚式
を挙げると、どのくらいのお金がかかるんでしょうか?

結婚にかかる費用はピンキリですが、一般的には200万～400万円が相場といわれています。

 今の貯金では足りない。どうしよう……。

 足りないことがわかっただけでも大きな進歩です。どうすればその金額を工面できるか、具体的に考えられますから。

 たしかに、急に結婚を現実のものとして感じてきました。

 じゃあ、すぐにプロポーズしちゃいますか？

 えっ、まだ心の準備ができていません……。

 冗談ですよ（笑）。でも、目的や時期、金額が明確になると、今すべきことが見えてくるはずです。

 計画的にお金を貯めないと、いつまでも結婚できそうもないことは理解できました。

ライフイベントに必要な4つの資金

 結婚にかぎらず、人生にはさまざまなライフイベントがあります。そのためにはそれなりにお金がかかるので、**ライフイベントの目的に合わせて資金を準備する必要があります**。大きく分けると、ライフイベントに必要な資金は、次の4つに分類されます。

①**人生を楽しむための資金**（旅行、趣味、自己投資など）
②**大きな出費を準備する資金**（車や住宅の購入、リフォーム費用など）
③**将来の生活のための備え**（老後、介護、早期リタイア、家族のケア）
④**子どものための備え**（教育費、遺産など）

 結婚した後も、やはりいろいろとお金がかかるんですね。

結婚したら、マイホームを購入するかどうかも考える必要が出てきますし、子どもができた場合は、出産や子育ての費用、教育費も考えないといけません。だいぶ先の話になりますが、老後資金の準備も大切なテーマです。

 うわー、生きていくのって大変だ。

 だからこそ、**できるだけ早い時期から、将来のライフプランとそれに必要な資金を貯める準備を始める**ことをおすすめしています。イマイチさんの場合は、まずは結婚資金を貯めるのが第一の目標になりますが、今の時点でざっくりでもいいから人生のライフプランとそのために必要な資金について長い視点から考えておいたほうがいいですよ。

〖 ライフプランと必要資金 〗 いつ、いくら必要？

	20代	30代	40代	50代	60代	70代	80代	90代
家族	**住まい** 住宅ローンや家賃の支払い						
	賃貸	購入			完済 — 修繕		
	子育て 入学金や授業料の支払い						
	幼稚園、小学校、中学校、高校、大学、就職、結婚						
	老後資金の準備期間			**老後** 年金でまかなう生活費やゆとり資金			
	両親 老後生活	介護					
イベント	🚗 車購入	🚗 車購入	🚗 車購入				
	🧳 旅行	🧳 家族旅行	🧳 旅行	🧳 旅行			
収入	給与所得		退職金	公的年金			

子どもができて、年齢を重ねるほど
必要な資金は増えていきます

でも、実際、どのくらいのお金を貯めればいいか見当もつきません。

 最低でも**人生の三大支出**については意識しておきましょう。1つめは、子どもの**教育資金**。仮に大学まですべて私立に通わせた場合、2500万円以上かかるとされています。2つめは**住宅資金**。たとえば新築マンションを購入するなら約4500万円。そのほかにリフォーム費用などもかかります。3つめは**老後資金**。以前「老後30年間で2000万円が不足する」という金融庁の報告書が話題になりましたが、年金収入がメインとなる老後を豊かに生きたいなら貯えが必要になります。夫婦がゆとりのある暮らしをしようと思えば、1億1000万円が必要というデータもあります。

〔 ライフイベントの目的に合わせた準備方法 〕

教育資金
大学まですべて国公立⋯⋯⋯⋯ 約**1023**万円
大学まですべて私立⋯⋯⋯⋯⋯ 約**2520**万円

「平成30年度子供の学習費調査の結果について」（文部科学省）「令和3年度教育費負担の実態調査結果」（日本政策金融公庫）をもとに算出

住宅資金
新築一戸建て（建売）⋯⋯⋯⋯ 約**3700**万円
新築マンション⋯⋯⋯⋯⋯⋯⋯ 約**4800**万円

住宅購入費用：住宅金融支援機構「フラット35利用者調査」（2022年度）より

老後資金
ゆとりある暮らし（単身）⋯⋯⋯ 約**7500**万円
ゆとりある暮らし（夫婦）⋯⋯ 約**1億1000**万円

生命保険文化センター「2022（令和4年）生活保障に関する調査」をもとに算出

その他結婚費用、保険、介護費用、リフォーム費用、
車購入・維持費用　など

え!?　こんなにかかるの？
今から準備しておかないと絶対ムリ……

そんなに！　なんだか自信がなくなってきました……。

 でも、不安に感じているのはみんないっしょ！　**あとになって困らないように、今から早めに準備をしておけば大丈夫！**　そのことに気づけたイマイチさんはラッキーですよ。

POINT

✔ 将来のライフプランに必要な金額を把握しよう
✔「人生の三大支出」から目を逸らしては
　いけない！

お金には種類がある？

4 ライフイベントに合わせて お金を増やそう

お金は使う「目的」によって扱いを変えましょう。「短期」「中期」「長期」の３つに分けるのが資産を増やすコツです

 結婚の資金のことはもちろんですが、将来に備えてもお金を貯めておかないといけませんね。でも、貯金できる金額は限度があるし……。どうしたらいいでしょうか？

 まずはライフイベントの目的に合わせて、お金の種類を整理しておきましょう。

 お金にも種類があるんですか？

 はい。期間によって３つに分類してみましょう。１つめは**「短期」の日々出入りするお金**で、おもに住居費や食費など生活費が該当します。すぐに使える**「流動性」**が求められる資金なので、普通預金で管理するのが一般的です。

 今、僕の預金口座に入っているお金は、まさにこれですね。

 ２つめは、**「中期」のお金で、使途が決まっているもの**。たとえば、住宅リフォームの資金やマイカーの購入費、旅行資金などです。結婚にかかる費用もこれに該当します。確実に貯めたいお金なので、**「安全性」**が求められます。定期預金などですぐに引き落とせないようにしている人も多いと思います。

 結婚の資金は定期預金に移しておいたほうがいいということですね。

 そうですね。そして３つめは、**「長期」のお金。しばらく手をつけない性格のもの**で、いわゆる老後の生活資金や、いざというときの備え

などで、場合によっては将来、子どもの大学進学にかかる費用なども長期のお金に該当します。

〚 ライフイベントの目的に合わせた準備方法 〛

短期
日々出入りするお金

- 緊急予備資金
- 住宅費
- 食費
- 光熱費　等

流動性
お金がすぐ使える

- 普通預金
- 通常貯金

中期
使途が決まっているお金

- 住宅リフォーム
- クルマ買い換え資金
- 海外旅行資金
- 結婚資金　等

安全性
お金を貯める

- 定期預金
- 個人向け国債

長期
しばらく手をつけないお金

- 退職後の生活資金
- いざという時の備え　等

収益性
お金を増やす

- 投資信託
- 変額保険

お金はやみくもに貯めようとしても
うまくいきません。目的を意識しましょう

「中期」と「長期」のお金は目的が異なる

長期のお金については、まったく考えたことがありませんでした。僕も今から貯めたほうがいいんでしょうか？

もちろんです。誰にでも老後はやってきますし、まとまった資金が必要になる時期が、イマイチさんにもやってくるはずです。結婚のための資金を貯めるのと同時に、長期のお金を貯めることも考えてみましょう。

はい、ぜひ！　ただ、素朴な疑問なんですが、「中期」のお金と「長期」のお金を分ける必要はあるんですか？

もちろん。まず「目的」が違います。中期のお金は使い道が決まっていますが、「長期」のお金はしばらく使うことはありません。**使い道が決まっていないからこそ、お金を「貯める」ではなく、リスクをとって「増やす」という発想ができます。**

「増やす」ということは、投資をするんですか？

そう、具体的には投資信託や変額保険などの金融商品を購入して、長期で運用していきます。長期のお金は「**収益性**」を追求できるのが特徴です。

投資は怖いもの？

でも、投資をするのは怖いんですけど……。お金が減る可能性もあるんですよね。親戚に投資で失敗して借金を背負ったという話も聞いたことがありますし……。

ひとことで投資といっても、リスクの高低に違いがありますし、比較的リスクを抑えられる金融商品もありますよ。

でも、僕はビビリなんで、投資と聞くと、心臓がバクバクしてきます。

 あら？　もともと新NISAに興味があったんですよね？　新NISAも投資ですよ。

 「新NISAは絶対得する！」とイケテル先輩が言っていたので……。新NISAでも損することはあるんですか？

 イマイチさん、投資で「絶対得する」はないですよ！　**投資だから、もちろん減るリスクもあります。でも、リスクをきちんと管理すれば心配はいりません。**そういえば、イケテルさんの同僚ということは、イマイチさんの会社には**確定拠出年金制度**がありますよね？

 はい。たしか、入っているはず……です。

 確定拠出年金も投資の一種ですよ。

 えっ？　そうなんですか！　年金だからリスクはないと思っていました……。

 なるほど……。まずは、もう少し投資について説明したほうがよさそうですね。

POINT

✔ **お金は短期・中期・長期の3つの種類に分けて考える**

✔ **老後資金をつくるには「投資」が有効！**

5

中長期で運用するなら 投資信託が適している

投資のプロに運用してもらえる投資信託は、ビギナーにとって
資産運用の要。まずは基本的な仕組みを押さえましょう

 投資の対象となる金融商品として、どんなものをイメージしますか？

 トヨタやソフトバンクの企業の株とか、グーグルやアマゾンなど外国の企業の株とかですね。

 それは、いわゆる「個別銘柄」ですね。

 あとはFX（外国為替証拠金取引）やビットコイン（暗号資産）で儲けた、損したといった話もよく聞きます。

 投資の対象となる金融商品には、いろいろな種類があって、リスクもそれぞれですが、**老後資金など長期のお金を運用するのに適しているのは投資信託**です。

 投資信託は聞いたことがあります。ファンドとも言いますよね。

 投資信託はたくさんの投資家から集めた資金を、ファンドマネジャーと呼ばれる投資のプロが株式や債券などで運用する商品です。運用環境によって値動きがある商品なので、もちろん元本よりも少なくなる可能性もありますが、**複数の株式や債券などに分散して投資するので、比較的リスクが低い**とされています。

 リスクが低いなら安心ですね。

 たとえば、ある企業の個別株式だけをもっていた場合、その企業が不祥事などで大きく株価を下げた場合、大きな損を被ることとなります。

しかし、投資信託の場合は、1つの企業の株価の影響度は小さくなります。投資先を分散するということは、リスクを分散するという意味でもあります。

〖 投資信託の仕組み 〗

投資家　少額から投資できる

資金をまとめる

運用の専門家
（投資信託運用会社）

投資信託
（ファンド）　投資先は専門家が選定

分散投資

国内
海外　株式　債券　不動産デリバティブなど

投資信託のメリット

少額から始められる	分散投資ができる	プロに任せられる

さまざまな投資対象に分散してリスクを下げられるから、投資初心者にもおすすめです

でも、投資信託で損をしたという話も聞いたことがあります。

 投資信託にもいろいろ種類があって、リターンの高い商品はそのぶんリスクも高くなります。結局は、投資する人がどれだけリスクを許容できるかによるのですが、**老後資金などが目的の場合は、比較的リスクの低い商品で運用するのが一般的**です。

 そもそも投資信託は、お金に余裕がある人がやっているイメージがあります。投資信託を購入するのも万単位のお金がかかるんですよね？

 それは、だいぶ昔の話ですよ。今は少額から投資できる商品があり、**100円から購入できます。**

 えっ、缶コーヒーよりも安いじゃないですか！

 実際は、1000円単位で購入するケースが多いですけど、イマイチさんが思っているよりも、ずっとハードルは低いんですよ。

 でもでも、僕は心配性だから、まだ疑心暗鬼なんですが、いくらリスクが低いといっても、損をする可能性はゼロではないですよね？　せっかくコツコツ積み立てても、実際に使うときに金額が減っていたら、ショックなんですけど。それなら貯金でもいいかな、って思ってしまいます。

 投資はリスクが伴いますから、慎重になるのは悪いことではありません。ただ、今からお話しすることを聞けば、少しは考え方が変わるかもしれません。

POINT

✔ **老後資金など長期資産の運用は投資信託で！**
✔ **定額から始められる投資はハードルが低い**

元本割れのリスクはないの？

長期で運用するほど有利になる

**みんなが資産運用で心配するのは「元本割れ」するリスク。
しかし、時間を味方にすればリスクを抑えられます**

 イマイチさん、大体で構いませんが、もし毎月積み立てをするとしたら、毎月どのくらいまわせそうですか？

 えーっと……毎月3万円くらいかな。ムダ遣いをやめれば6万円は積み立てにまわせるかもしれません。

 仮に6万円とするなら、当面は結婚資金として毎月3万円を貯金して、長期の資産形成のために残りの3万円を投資信託の形で積み立てることにしてみましょう。ここでは、積立投資の3万円に絞って話をします。

 お願いします。

 投資信託も金融商品なので、毎日価格が変動します。もし1万円で購入した投資信託が翌日に9500円になったら損をすることになります。

 やっぱり、リスクがあるんですね。

 運用する期間によっては、元本割れすることもあります。でも、**そのリスクは長く続けることで小さくすることができます**。右ページの図は、投資信託を5年保有した場合と20年保有した場合を比べたときに、どのような運用成績になるかを表したものです。5年保有の場合は、10％を超える利回りを記録した商品があった一方で、利回りがマイナスになって元本割れした商品もあります。一方、20年保有した場合は、10％を超えるような商品はないものの、数％の利回りがついています。注目すべきは、元本割れした商品はない、という結果です。

〔 投資信託の保有期間が長いほど運用成果は上がる 〕

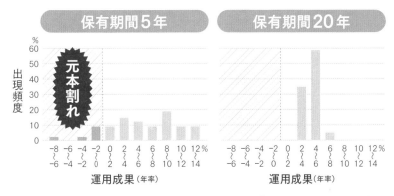

出典：金融庁「つみたてNISA早わかりガイドブック」

 ということは、長く運用を続ければ続けるほど、プラスになる可能性が高い、ということですか？

 その通りです。**資産や地域を分散したうえで、積立投資を行えば、元本割れのリスクは低くなる**ということ。老後資金などを目的とした積立投資の場合は、長期スパンが前提となるので、日々の値動きに一喜一憂する必要はないのです。

 どうしてそんなことが起きるんですか？

 長期の積立投資は「時間」を味方にするからです。ちょっと、ここで休憩。そのカラクリについては休憩のあとに説明しましょう。

POINT

✔ 投資は元本割れのリスクが低い長期運用で！

✔ 老後資金など長期のお金は
　一喜一憂しないような金融商品で運用しよう

SECTION 7

価格が下がったのに儲かるってどういうこと？

ドルコスト平均法を理解しよう

投資の知識や経験が乏しくても、安定した資産運用ができる
方法があります。それが「ドルコスト平均法」の考え方です

 MORITAKA 先生、「積立投資が時間を味方にする」というのは、どういう意味なんですか？　まだ、いまいちピンときていません……。

 では、具体的な金額でシミュレーションしてみましょう。イマイチさんの手元に120万円あるとします。イメージしてください。

 そんなに⁉　何に使おうかな、ぐふふ。

 コラコラ、勝手に使わないで。投資の話をしているんですから、手元のお金を増やす方法を考えてください。

 すみません……。最近は株価も値上がりしているという話を聞くことがあるので、この波に乗り遅れないようにしたほうがいいのかな。120万円を一気に投資するとか。

 なるほど。では120万円分の投資信託を一括で購入したとしましょう。イメージしてみてください。

 うわぁ、ドキドキするなあ。このまま株価が好調で、さらに増えたら最高だなあ。ぐふふ。

 残念！　イマイチさんが1万円の価格で購入した投資信託はどんどん値下がりして、右ページ図のような値動きになりました。

 えーっ‼　すごい下がってるじゃないですか。

〚 1回で120万円を投資（一括投資）〛

たとえば投資対象がグラフのように推移した場合、10年後の価格は？

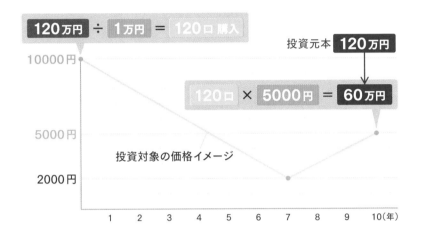

投資ですから増える可能性もありますが、当然下がる可能性もあるんですよ。

そんなぁ。せっかくお金が増えたときの妄想をしていたのに……。

1万円の価格のとき120万円で一度に購入した投資信託が、上の図のように値動きした場合、10年後の運用結果はどうなるでしょうか。

10年後には5000円に値下がりしているので、かなり損していると思います。半分くらいになるかな……。

そうですね。最初に120口（120万円÷1万円）を購入しているので、10年後には60万円（120口×5000円）になってしまいます。**一括で購入した場合、投資を始めたときよりも価格が上がらなければ、損失が発生する**のです。

これはショックですね。もう立ち直れません……。

まあまあ、シミュレーションなので、そんなに落ち込まないでください（汗）。

 では、次に一括購入ではなく、**毎月1万円を10年間投資した場合、つまり積立投資をしたケース**で考えてみましょう。値動きは先ほどのグラフと同じだとします。この場合、10年後の運用結果はどうなっているでしょうか？　次のA〜Cから選んでください。

〚 毎月1万円を10年間積立投資した場合 〛

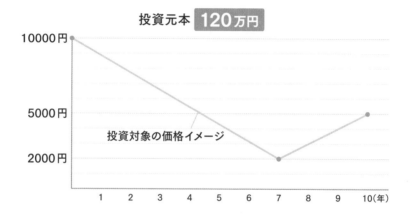

Ⓐ 約**72万円**　Ⓑ 約**90万円**　Ⓒ 約**139万円**

 うーん、さっき長期で運用すると数％の利回りがつくという話だったけど、最初に投資したときから10年間ずっと1万円を下回って低迷しているからなぁ。Bの90万円かな、いや、最悪Aの72万円かもしれない……。

 Aの72万円でファイナルアンサー？

 それ、懐かしいですね（笑）。ファイナルアンサーです。

残念、不正解！　**答えはCの約139万円**です。

 えっ!?　うそですよね。20万円近く増えていますよ！　購入時に1万円だった価格は、10年目の時点で半分の5000円になっているのに、おかしいじゃないですか。そんなにおいしい話が本当にあるんですか？

 もちろん、10年間でどんな値動きをするかによって利回りは変わってきますが、図のように価格が長く低迷すると、起き得る話です。

 どうしてそんなことが起きるんですか？

 価格が下がったときに、多くの口数を購入できるからです。たとえば2000円に値下がりしたときには、1万円のときの5倍の口数を購入できるので、結果的に運用結果はよくなります。

〘 値下がりすると購入口数が多くなる 〙

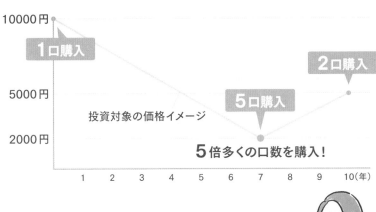

一定の金額で購入するので、
価格が安いときは購入数量が多くなり、
価格が高いときは購入数量が少なくなります

すごい！ 価格が下がっているにもかかわらず、資産は増えるんですね。でも、なんだか狐につままれた気分です……。

 不思議に思うのも無理はありません。積立投資は、毎月一定金額ずつ買いつける投資手法です。一定の金額で買うため、価格が安いときは購入数量が多くなり、価格が高いときは購入数量が少なくなります。そのため、定期的に同じ数量を買い続ける場合よりも、結果的に1単位当たりの平均取得価額が平準化されるので、10年後の価格が5000円でも大きなプラスになります。要は、**同じ資金で、どのくらい多く買えるかが重要になる**のです。これを「ドルコスト平均法」と呼びます。

 「ドルコスト平均法」って言うんですね。

 安いときにはたくさん買い、高いときには少しだけ買うことができる。これを自動的にできるのが「ドルコスト平均法」のメリットです。これが**「長期」にわたり「分散」して「積み立て」する効果**といえます。

 積立投資なら、リスクが低くなるということがよくわかりました。

 実際に積立投資を始める場合、もちろん、これからどんな値動きをするかはわかりません。

 経済の専門家でもよく予測を外していますよね。

 だからこそ、**長期で積み立てる場合は、毎月コツコツと分散して投資するのが有効な戦略になる**のです。

大切なのは商品選びより長期運用すること

 なるほど。でも、ひとつ引っかかることがあります。長期間にわたって分散して投資することの重要度はわかりましたが、どの投資信託を選ぶかで運用成績も変わってくるのではないでしょうか。どの投資信託を選べばいいか、正直わかりません。

鋭い指摘ですね。たしかに、投資信託は投資資産がそれぞれ異なるので運用成績は変わってきますし、専門家でも把握しきれないくらい多くの投資信託があります。どんな商品を選べばいいかは、あとで説明していきますが、ここで覚えておきたいことは、**どの商品を選ぶかよりも大事なのは、長期間にわたって投資を続ける**ことです。少し極端な言い方かもしれませんが、**これは投資の本質だと考えています。**

ちょっと不思議な感じもしますが、シンプルな考え方でわかりやすいです。

伝説の投資信託と呼ばれる「マゼランファンド」についてお話ししましょう。アメリカの株式ファンドである「マゼランファンド」は、アメリカの株式市場が長く低迷していた1977〜1990年の13年間で、年率29%という驚異的な運用成績を達成しました。アメリカの代表的な株価指数であるS＆P500が同じ期間に16%の値上がりだったのと比べても、たいへん優秀な数値です。

マゼランファンドに投資していた人は、すごく得したんでしょうね。

もしも毎月1万円をマゼランファンドに13年間投資していたら、156万円の元手で、1559万円の利益を生んでいた計算になります。

10倍も！　うらやましい……。

でも、現実には投資した多くの人がマイナスで、プラスになった人もファンドの運用成績からは大きく乖離していました。

えっ!?

ほかにも、同じような例があります。1993〜2013年の20年間にS&P500に投資をすると年率で9.2%のリターンを得られた計算になりますが、実際の個人投資家リターンは、2.5〜3％程度でした。

なぜ、そんなことが起きるんですか？

結局、**ほとんどの投資家は長期投資をしていなかった**、ということです。いくら運用成績のいい投資信託でも、一時期を切り取れば、たいして儲からないこともありますし、投資のタイミングしだいで損することもあります。

 それだけ長期投資の威力は大きいということですね。

 そうなんです。だから、大事なのはできるだけ**早く始めること。そして、途中で安易にやめないこと**です。

 聞いておいてよかったです。投資信託を始めてすぐに2万〜3万円の利益が出たら、解約して欲しいものを買っていたかもしれません。

 それはよくある投資がうまくいかない典型例です。**積立投資を始めたら、自動的に積み立てる設計にしておき、値動きなど気にせずに放っておくこと。**これが資産を増やすコツです。

 値動きを気にしなくていいのは気分が楽ですね。すごく簡単で、自分でもできそうな気がしてきました。

POINT

> ✔「長期」にわたって「分散」して
> 「積み立て」をしよう
> ✔ 投資は早く始めて、途中でやめないほど有利！

三大税制優遇制度を活用しよう

目的をもって資産運用をするなら、新NISAやiDeCoなどの
税制メリットを享受しない手はありません

 先生、僕も今月から積立投資を始めようと思います！　早くやりたく
ウズウズしてきました。

 それはよかった。でも、ひとまず深呼吸してみましょうか。投資を始
める前に、大切な話があります。

 大切な話って何ですか？　なんか緊張するなぁ。

 **積立投資を始めるなら、今ある税制優遇制度を最大限に活用すること
が大切**です。

 税制優遇？　難しそう……。そもそも会社員の僕でも税制優遇制度を
活用できるんですか？　勝手に給料から税金が引かれていくから、あ
まり考えたことなかったですが……。

 そうですね。毎月所得税と住民税が天引きされているから、意識した
ことがないかもしれませんね。でも、**積立投資と税金は大いに関係し
ています**。

 投資するのにも税金がかかるんですか？

 もちろん！　正確にいえば、投資によって得た利益には税金がかかり
ます。**所得税15.315％と住民税5％、合わせて20.315％**を納める
ことになります。

 えーっ、20％以上も！　すごく損した気分。

でも、その20.315%が非課税になる制度があります。

 もしかして、それがNISAですか？

 正解！　お得でしょ。だから2024年にスタートする新NISAも注目を集めているんです。

 みんなが「新NISAは得する」と騒いでいたのは、「税金がかからない」という意味だったんですね。

 またの機会にくわしく説明しますが、**積立投資をするうえで新NISAは絶対に無視できない、魅力的な制度**といえます。

 会社員は税制優遇制度とは無縁だと思っていました。

 会社員でも活用できる税制優遇制度は、新NISAだけではないですよ。実は**会社員が活用すべき三大税制優遇制度**があります。そのうちのひとつが、新NISA。

 あとの2つは何ですか？

 iDeCoなどの確定拠出年金と、ふるさと納税です。どれも知っておいて損はない税制優遇制度なので、新NISAといっしょに勉強しておくことをおすすめします。

 先生、ぜひ教えてください。どこまでもついていきます！

 OK！　税制優遇制度を活用して投資を始めるなら、まずは新NISAから。第2章ではこの新NISAについて学んでいきましょう。

POINT

> ✔ **会社員こそ三大税制優遇制度を活用すべき！**

2

第 2 章

資産倍増も夢ではない!

「新NISA」は
早く始めるのが正解

2024年からスタートする新NISA。投資の利益に税金がかからないNISAが、制度改正によってさらに使い勝手がよくなりました。これまでNISAを利用していた人も、投資をしたことがない人も、まずは新しいNISAの変更ポイントを押さえておきましょう。

1

税金面で大きなメリットがある

NISA のいちばんの魅力は運用益が非課税になること。
はっきり言って、活用しないのはもったいない！

 投資初心者のイマイチさんには、まずはそもそも NISA（**少額投資非**
課税制度）とはどんな制度か、という基本から説明したほうがよさそ
うですね。

 恐れ入りますが、とーってもカンタンに、小学生に説明するつもりで
お願いします。

 わかりました。NISA がどうして投資をする人の注目を集めているか
わかりますか？

 それは、お得だからですよね。友達は「NISA は必ず儲かる」って言っ
ていました。

 それは語弊がありますね。「必ず儲かる」わけではありません。**どん**
な投資にもリスクがあるので、元本割れする可能性があります。

 NISA を始めれば儲かる、と勝手にイメージしていました……。

 でも、そんなにがっかりする必要はありません。以前、お話ししたよ
うに**長期スパンで積立投資をしていけば、元本割れのリスクは少なく**
なり、逆に資産が増えていく可能性が高まります。

 そうでした！　すぐに使うお金を貯める目的ではなく、将来のライフ
イベントで必要になったときに、お金で困らないように積立投資を始
めるつもりでした。

そう、だからいったん投資した金融商品が値上がりするかどうか、つまり「儲かるかどうか」は置いておきましょう。それよりも、NISAが注目されているのは、**税金面で有利**だからです。

投資で得た利益には税金がかかる

税金……先ほど、投資をするのにも税金がかかるという話を聞きましたが、どのくらいかかるんでしたっけ？

大事なことなのでもう一度言いますが、投資で得た運用益（譲渡益や配当）には、20.315％の税金がかかります。

ということは、100万円投資して10万円の利益が出たら、約2万円の税金が引かれてしまうということですか？

その通りです。せっかく10万円の利益が出ても約8万円しか手元に残らないというわけです。

うーん、けっこう引かれるんですね。なんだか損をした気分……。

でも、**NISAを利用して投資をすれば、非課税になります。**

税金がかからないってことですよね？　10万円をそのまま受け取れるなら、うれしいなあ。

ただ、従来のNISAでは、積立投資の場合、**年間投資額が40万円という制限**がありました。

ということは、40万円を12カ月で割ると……毎月約3万3000円の投資額までは、税金がかからないということですよね。それでも、うれしいですけど、もっと多くの額を積み立てしたい人は、どうするんですか？

40万円を超える部分については課税されることになります。しかも、

従来のNISAは「つみたてNISA」と「一般NISA」という2つの制度に分かれていて、**どちらか一方しか選択できませんでした。**

「つみたてNISA」と「一般NISA」は何が違うんですか？

簡単に言うと、つみたてNISAは、長期の積立に適した投資信託が対象です。一方、一般NISAは上場株式や投資信託などが対象で、年間投資枠は120万円までです。

僕のように長期の積立投資を始めることを検討している場合は、「つみたてNISA」を選ぶことになりますね？

そのとおりです。一般NISAも非課税枠が大きくて有利な制度ですが、つみたてNISAを選択した人は、利用できませんでした。

たくさん投資したい人には、少し残念な制度ですね。

そうですね。投資家にとってはありがたい制度ではあるんですが、少々使いづらい面もありました。従来のNISAの概要をまとめると、右ページ表のようになります。

うーん、ちょっと難しそう……。

大丈夫ですよ。2024年1月から新NISAが始まり、現行の一般NISA、つみたてNISAともに2023年で廃止される予定なので、旧NISAの中身を覚える必要はありません。

安心しました。

ここでのポイントは**「2023年までの旧NISAにはいろいろと制限があった」**ということです。新NISAについて説明する前に、まずはそこだけ押さえておきましょう。

〚 旧NISA制度の概要 〛

	つみたてNISA 2018年創設　選択制	一般NISA 2014年創設
年間投資枠	40万円	120万円
非課税保有期間	20年間	5年間
非課税保有限度額	800万円	600万円
口座開設期間	2023年まで	2023年まで
投資対象商品	長期の積立・分散投資に 適した一定の投資信託 金融庁の基準を満たした投資信託に 限定	上場株式・ 投資信託等
対象年齢	18歳以上	18歳以上

出典：金融庁

旧NISAは「つみたて」か「一般」か
どちらかしか選べなかったんですね

POINT

✔ NISAなら投資で得た運用益が非課税に！

✔ 現行NISAは2023年に終了し、
　2024年1月から新NISAがスタートする

2 使い勝手がよくなった5つのポイント

新NISAはどこが変わった？

2024年1月からスタートする新NISA。これまでの旧NISAとは、どこがどう変わったのか押さえておきましょう

MORITAKA先生、2024年1月から始まる新NISAはどこが変わるんですか？

下の図は金融庁がまとめた新NISAの概要です。

〔 新NISA制度の概要 〕

	つみたて投資枠　併用可	成長投資枠
年間投資枠	120万円	240万円
非課税保有期間	無期限化	無期限化
非課税保有限度額（総枠）	1800万円 簿価残高方式で管理（枠の再利用が可能）	
		1200万円
口座開設期間	恒久化	恒久化
投資対象商品	長期の積立・分散投資に適した一定の投資信託 現行のつみたてNISA対象商品と同様	上場株式・投資信託等 ①整理・監理銘柄 ②信託期間20年未満、毎月分配型の投資信託及びデリバティブ取引を用いた一定の投資信託などを除外
対象年齢	18歳以上	18歳以上
現行制度との関係	2023年末までに現行の一般NISA及びつみたてNISA制度において投資した商品は、新しい制度の外枠で、現行制度における非課税措置を適用 ※現行制度から新しい制度へのロールオーバーは不可	

※2023年8月時点　　出典：金融庁

うわっ、難しそう。

安心してください。ポイントを絞って説明しますね。重要なのは次の5つです。

〚 新NISAの変更ポイント 〛

	旧NISA	新NISA
年間投資枠	選択制	併用可能
年間投資上限額	一般NISA　　　120万円 つみたてNISA　40万円	最大360万円に拡充
非課税保有期間	一般NISA　　　5年間 つみたてNISA　20年間	無期限化
非課税保有限度額	一般NISA　　　600万円 つみたてNISA　800万円	最大1800万円
口座開設期間	2023年	制度の恒久化

ポイントはこの5つ。
まずはこれだけ覚えて帰ってください。

とりあえず、この5つを理解すればOKということですね。

つみたて投資枠は年間120万円に拡充

1つめは、**一般NISA（成長投資枠）とつみたてNISA（つみたて投資枠）の併用が可能**になったことです。

成長投資枠？　つみたて投資枠？

呼び方は変わっていますが、「つみたてNISA」と「一般NISA」のく

くりと同じで、前者が長期の積立に適した投資信託が対象で、後者が
上場株式や投資信託などが対象であるのは、以前の制度と同じです。
名称が変わっただけだと理解してもらってかまいません。

なるほど。どれだけお得になるのかピンと来ていませんが、選択肢が
広がるのはいいことですよね。

そうです。積立投資にかぎらず、積極的に投資をしていきたい人には
可能性が広がる変更といえます。

新NISAでは、投資額も変更されたんですか?

はい。2つめのポイントは、**年間投資上限額が最大360万円**になった
ことです。つみたて投資枠は年間120万円、成長投資枠は年間240万
円が非課税になります。

ということは、積立投資をする場合、月10万円まで税金がかからな
いということですね。僕の場合は月に10万円も投資する余力はない
ので、十分です。

毎月10万円を積立できる人はある程度かぎられますから、多くの人
にとって十分な投資上限額だといえると思います。

僕がもっと稼いで、たくさん投資ができるようになっても安心ですね。

そ、そうですね。がんばって……。

先生、ちょっと顔がひきつっているような……。

税金がかからない期間が無期限に

さて、3つめのポイントは、**非課税保有期間の無期限化**です。従来の
NISAの場合、税金がかからない期間について、つみたてNISAは20
年間、一般NISAの場合は5年という制限がありました。

20年でもずいぶん長い気もしますが……。

でも、積立投資の場合は、長期間の運用が前提なので、20年でも十分とはいえません。たとえば、30歳のイマイチさんが今から積立投資を始めた場合、50歳を過ぎたら、非課税ではなくなってしまいます。

積立投資は、老後資金を貯める目的でもあるので、それは困ります。30年後、40年後に投資信託を売却したときには、税金がかかってしまうということですよね。

その通りです。旧NISAでは、非課税のメリットを享受しようと思えば、20年以内に売却する必要がありました。

でも、新NISAでは、その期限が撤廃されるんですよね。超ラッキーじゃないですか！

非課税保有期間が無期限化されたことによって、**従来よりも継続的な資産形成を行えるようになった**、というわけです。

具体的にはどんなメリットがあるんですか？

イマイチさんのように20年を超えて積立投資をする予定の人にとっては、期限に縛られることなく保有できるので、**ライフイベントに合わせて、柔軟な資金繰りが可能になります**。あとは、前に説明したように、投資期間は長期になればなるほど、資産額は増える可能性が高くなるので、保有期間に縛られないのは大きなメリットです。

積立の期間が長くなるほど、運用する額も大きくなっていきますよね。その投資額の全部が非課税になるんですか？

いえ、そこには制限があります。4つめのポイントは、**生涯非課税限度額が最大1800万円**になったこと。

僕にとってはまだ現実味のない数字ですが、大きな金額ですよね。

旧NISAの限度額は、積立投資で800万円（40万円×20年）、一般NISAで600万円（120万円×5年）でしたから、**生涯の非課税枠は倍以上**になっています。

 これも、長期間にわたって積立投資をする人にとっては大きなメリットですね。

 ちなみに、成長投資枠は1200万円までという制限がありますが、積立投資には制限がありません。つまり、**1800万円のすべてをつみたて投資枠で使うことが可能**です。イマイチさんのように、つみたて投資をする人にとっては、さらに使い勝手のいい制度に変更されたということです。

 先生、素朴な疑問なんですが、もし積立の途中で、まとまったお金が必要になって、積み立ててきた投資信託を一部売却した場合はどうなるんですか？　売却した分も1800万円の枠に含まれるんですか？

 いい質問ですね。長い人生、何が起こるかわかりませんから、そういうケースもあるかもしれませんよね。

 たとえばマイホームを買うとか、子どもの教育資金とか……。

 安心してください。非課税保有限度額については、買付け残高（簿価残高）で管理されます。このため、NISA口座内の商品を売却した場合には、その商品の簿価分の非課税枠を再利用できることとなります。つまり、**途中で売却した場合でも、1800万円の枠を再利用することが可能**です。たとえば、1800万円のうち500万円を非課税で売却したとしても、500万円の非課税枠が復活するので、また新たに積立をすることができます。

 それなら安心ですね！

期限を気にしなくてOK

5つめのポイントは、**制度の恒久化**です。現行のNISAの口座開設期間は2023年までとなりますが、新NISAでは、**いつでも期限を気にすることなく投資ができます。**

将来、制度が変わって非課税でなくなるといった心配をしなくてもいいんですね。

そういうことです。だから、安心して新NISAを使って、積立投資ができます。

それなら長いスパンでお金のことを考えられそうですね。

以上、新NISAの5つのポイントを見てきましたけど、いかがですか？

控えめに言っても、いいことずくめですね。

そうなんです。投資やお金の専門家から見ても、新NISAは投資家にとって有利な制度に生まれ変わります。特にイマイチさんのように、将来に備えて積立を始めようという人にとっては、とても心強い制度といえます。

すごく興味がわいてきました！

POINT

> ✔ 新NISAのポイントは5つ。 しっかり理解しよう
> ✔ 投資家に有利な制度に生まれ変わった
>   新NISAを活用すべき！

3 積立投資は早く始めるのがベスト

**新NISAをスタートするタイミングはあまり気にする必要は
ありません。思い立ったら、まず口座を開設しましょう**

MORITAKA先生、すぐにでも積立投資を始めたいのですが、やはり
2024年1月に新制度がスタートするのを待つべきでしょうか？　現
行の制度は2023年に終わってしまうわけですし……。

誤解されている人が多いのですが、新NISAが始まっても、現行の一
般NISA、つみたてNISAで購入した投資信託の非課税期間に影響はあ
りません。

そうなんですか？

つみたてNISAは、購入した年から最長20年間はそのまま非課税で保
有可能で、売却も自由です。つまり、**2023年のうちに現行制度で購
入した投資信託は、2042年末まで非課税**となります

では、2023年のうちに現行のNISAを始めてもデメリットはない、と
いうことですか？

その通りです。**新NISA以前の投資額は1800万円の生涯投資枠に含
まれることもありません。**ただし、非課税期間終了後に、新しいNISA
制度に移管（ロールオーバー）することはできないので、その点は注
意してください。

そうなんですね。

だから、「どのタイミングでNISAを使って積立投資をすればいいか？」
という質問に対しては、**「思い立ったら、いますぐ始めましょう」**と

いうのが答えになります。

なるほど。

人間は誰しも熱しやすく冷めやすい部分がありますから、「新NISAがスタートしてから積立を始めよう」と考えていても、数週間、数カ月たてば億劫になってしまうこともあります。

たしかに、僕も数カ月待って、同じような情熱があるかどうか、自信がありません。鉄は熱いうちに打てという言葉もありますよね。

そのとおりです。もっといえば、スタートするタイミングにこだわるよりも、**できるだけ早く始めることが、積立投資で成功する大原則**だからです。

よし、すぐ始めるぞ！

素直なのはいいですけど……。忘れてはいけないのは、あくまでも利益が出た分に対しての税金が非課税になるという点です。**「NISAをやれば儲かる」という雰囲気にのまれてしまわないように注意**しないといけません。

なんだかテンションが上がって、「NISAを始めればすぐに儲かる」という気分になっていました……。投資の基本を忘れてもいけない、ってことですよね？　元本保証はないので自己責任で。

そのとおりです。

投資のタイミングはプロでも判断が難しい

新NISA制度の内容や投資のメリット・デメリットも理解したうえでなら、いつ始めてもいいと思います。いちばん理想的なタイミングは投資信託の値段が安いときに買うことですが、そのタイミングを計るのはプロでも簡単ではないからです。

それについては、僕もまったく自信ありません。

だからこそ、毎月、同じ金額で買い続ける積立投資が有効になります。どんなタイミングで始めても平均取得単価を引き下げる効果が期待できるからです。

もしかして、それは「**ドルコスト平均法**」の話ですか？

そうです！　よく覚えていましたね。ドルコスト平均法のところでも説明しましたが、投資はリスクが分散された商品を、長期にわたって、コツコツと積み立てるのがコツです。その効果を得るためには、できるだけ長く投資する必要がありますから、積立は早く始めるに越したことはないのです。

なるほど、値段が上下するのをみていたら迷ってしまうので、それくらいシンプルなほうが始めやすいですね。

イマイチさんが、新NISAを始めたいと思ったら、**その時点で積立投資を始めるのが正解**です。

わかりました。すぐに始めてみたいです！

POINT

✔ NISAで積立を始めるなら早いほうが有利！

✔ ただし、すぐに儲かるわけではないので、
　雰囲気にのまれなように注意しよう

新NISAはどうやって始める

金融機関を決めて口座を開設する

新NISAを始めるには専用口座が必要です。金融機関を選ぶ
ポイントや手続きについて知っておきましょう

 実際に投資をするのは初めてなんですが、まずはどうすればいいです
か？

 まずは**新NISAを始めるための専用口座を開設する必要**があります。

 口座は証券会社に申し込めば開設できるんですか？

 証券会社といっても、店舗型の証券会社のほかにネット専業の証券会
社もありますし、銀行でも新NISAの口座をもつことは可能です。

 迷いますね……。イケテル先輩はどうしたんですか？

 オレはもともと投資用の口座をネット証券でもっていたから、その
ネット証券でNISAの口座を開設したよ。これまでもNISAで積立投資
をやってきたけど、新NISAでは投資上限額が拡充されるから、毎月
の投資額を増やすつもりなんだ。

 先生、新NISAで積立を始めるときも、やはりネット証券がいいんで
しょうか？

 イマイチさんのように若い人には、ネット証券は気軽に口座を開設で
きるのでいいかもしれません。でも、店舗型の銀行や証券会社は、対
面で相談できるので安心感があるので、店舗型を選ぶ人もいますよ。

 ネットを使うのに抵抗はないので、僕にはネット証券が向いているかも
しれません。あと、ネット証券のほうが手数料は安く済むイメージ

もありますから。

 本来、金融商品を購入する場合には、購入時に手数料がかかりますが、つみたてNISAの場合は政令で無料（ノーロード）と定められています。だから、**どこで、どの商品を買っても一律無料**です。したがって、口座を開設する金融機関を選ぶ際は、手数料はあまり気にしなくてもいいでしょう。ただ、商品ラインナップや積立方法などは金融機関によって差があります。一般的にネット証券のほうが店舗型や銀行よりも商品ラインナップが多いので、選択肢が広がります。

 少なくても困るけど、多すぎても迷いそう……。

 あとは積立の最低金額や自由度など積立方法も異なります。**ネット証券の場合、最低積立金額は100円単位ですが、店舗型や銀行は1万円単位のところが多い**です。また、ネット証券は積立の頻度を「毎月」だけでなく、「毎週」「毎日」単位で選べるところが多いですが、店舗型や銀行は「毎月」単位であるのが一般的です。

 ネット証券のほうがなにかと選択肢が広く、自由度は高そうですね。

 先ほど述べたような「相談しやすいかどうか」なども含めて、自分に合いそうな金融機関を選ぶのがいいと思います。

 ちなみに、途中で金融機関を途中で変更することは可能ですか？「やっぱりほかの金融機関の商品ラインナップのほうがいいな」と思ったりすることもありそうですよね。

 利用者の非課税保有限度額については国税庁が一括管理を行うことになっています。なので、**金融機関の変更は可能**ですよ。

 優柔不断な僕にはありがたいです。

 ただし、「つみたて投資枠」と「成長投資枠」を別々の金融機関で利用することはできないので、注意してください。

新NISAの口座を開設にするにはどうする？

新NISAの口座を開設する手続きについては、金融機関によって違いはありますか？

大きな流れは変わりません。新NISAの口座開設の申し込みをして、本人確認書類として運転免許証やパスポート、マイナンバーカードなどを用意します。申し込みから1週間程度で口座が開設されるのが一般的なようです。

証券会社を選んだ場合は、どうなりますか？

すでに証券口座（総合口座）をもっていれば、新NISA口座の開設届書と本人確認書類を提出するだけで済みます。 イマイチさんのように、初めて証券会社に口座を開く場合は、新NISAの口座といっしょに証券口座（総合口座）を開設するための書類も準備する必要があります。

自分がいま使っている銀行で開設することも選択肢に入っています。

その場合は、投資信託の口座と新NISAの口座を申し込むことになります。ちなみに、**初めて取引する銀行であれば、普通預金の口座も開設する必要があります。**

どこの金融機関を選ぶにしても、新NISAの口座を開くのは、それほど難しくはなさそうですね。

手軽さという面では、ネット証券がいちばんかもしれません。手続きはウェブ上で完結しますし、証券口座（総合口座）の開設ページで必要事項を入力し、その際に新NISAを選択すれば証券口座と新NISA口座の両方を開設することができます。

本人確認書類なども撮影した画像をアップロードすればOKですか？

そのあたりは、ほかのネットサービスと同じです。ネットの操作に慣れている人なら、簡単に口座開設できるはずです。

だいぶイメージできてきました！

現行NISAを利用している人はどうなる？

先生、すみません。

あら、イケテルさん、どうしましたか？

俺みたいにすでに現行NISAを利用している人は、どうなりますか？新しい制度になることで手続きが複雑になったりしませんか？

現行のNISAを利用している人は、新NISA制度開始時に新しいNISA口座（つみたて投資枠および成長投資枠）が自動的に設定されるなど、新制度の手続きが複雑にならないようになっているみたいですよ。

新しいNISA制度を始めるときは、すでに現行のNISA制度で保有している商品は、売却する必要はあるんですか？

すでに現行のNISA制度で保有している商品を売却する必要はありません。

それならスムーズに新NISAに移行できそうですね。

POINT

- ✔ 新NISAを始めるなら専用口座を開設しよう
- ✔ ネット証券は手軽さや自由度の高さが魅力。店舗型は相談できるメリットもあり

どの投資信託を選ぶ？ ①

若い世代は投資信託の積立購入

どの投資信託を選ぶかで運用成績は変わってきます。どれくらいの
リスクを許容できるかを自分自身で把握しておきましょう

 （スマホをいじりながら）先生、ネットで「新NISA　口座」で調べて
みると、証券会社などの情報がたくさん出てきますね。明日は仕事も
休みなので、早速調べてみたいと思います。

 それはいいことですね。まずは口座を開設するのが資産形成の第一歩
ですから。じつは、NISAなどの制度を知って投資に興味をもつ人は
多いのですが、**実際に行動を起こす人は少ないのが現実**です。そうい
う意味でも、口座開設に向けて動き出した時点で、半分成功したも同
然です。

 そういわれると、がぜんやる気になります。ほめられて伸びるタイプ
なので。ところで、先生、積立投資をするにあたり、どの金融商品を
選べばいいでしょうか？

 イマイチさんのような20〜30代前半の若い世代で、これから金融資
産を築いていきたいという人には、長期にわたる積立投資をおすすめ
しています。これは、いままでイマイチさんにお伝えしてきた通りで
す。

 僕も長期で、コツコツと積み立てるつもりです。

 具体的にイメージをするためにも、簡単なシミュレーションをしてみ
ましょう。たとえば、月5万円を30年間積み立てるとします。

 毎年60万円（5万円×12カ月）を積み立てる計算になりますね。

30年間続けると、1800万円（60万円×30年）です。新NISAのつみたて枠を利用すれば、この1800万円から得た利益は非課税となります。

 コツコツ貯めれば、大きな金額になりますね。

 でも、実際は運用によって1800万円よりも増えている可能性があります。仮に年率3％で運用できた場合で考えてみましょう。

 3％ということは、100万円が翌年に103万円に増えるということですよね。

 その通りです。ただ、「複利」といって、利子にもまた利子がつくので、長い期間でみると、その効果は大きくなります。年率3％で運用した場合、30年後の総資産額は**2913万7000円**になります。

 えっ！　そんなに増えるんですか？　1800万円の元本よりも、1113万7000円も増える計算になりますね。

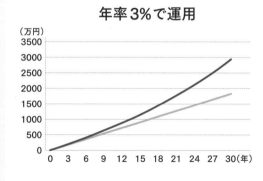

〚 月5万円を30年間積み立てるケース 〛

年率3％で運用

（万円）
3500
3000
2500
2000
1500
1000
500
0

0　3　6　9　12　15　18　21　24　27　30（年）

資産総額
2913.7万円

元本
1800万円
5万×12カ月×30年

運用益
1113.7万円

こんなに差が！
貯金だけしていたら、もったいないですね。

これが複利の効果です。長く運用するほど、お金が働いてくれる結果となります。

がぜんやる気になってきました。これは始めなければ後悔しますね。

ただし、忘れないでほしいのは、投資である以上、運用利回りは上下する可能性があるということ。実際には3％を上回ることもあれば、下回ることもあります。

それは理解しています。でも、運用期間が長くなればなるほど、利回りは安定するんですよね。

そう、よく覚えていましたね。

得する話はきちんと覚えています。そこで、具体的にお聞きしたいのは、どの投資信託を選べばいいかということです。口座を開設した証券会社にたくさんのラインナップがあったら、正直混乱しそうです。

選択肢があるのはいいことですが、投資の方針が決まっていないと、選ぶのが難しくなりますよね。**つみたて投資枠の対象商品は、金融庁によって積立・分散投資に適した投資信託に絞られていますが**、それでも200を超える商品があります。

そこから1本に絞るなんて、僕にはできそうもありません。

自分に合った商品を選ぶには、基本的な投資信託の知識を頭に入れておく必要があります。

僕も投資信託のことをもっと知っておきたいので、ぜひ教えてください。

投資における「リスク」の意味とは？

イマイチさんは、投資のリスクについてどう考えていますか？

やっぱり「怖い」というイメージです。「リスクが高い」といわれると、危険で損するのではないかと不安になります。

イマイチさんのように、リスクは「危険性」という意味でとらえている人が多いですが、投資における「リスク」は意味合いが異なります。

そうなんですか?

投資におけるリスクとは、**値動きの大きさ**です。資産運用による成果（収益または損失）の変動幅を表しています。

では、「リスクが高い」という場合、儲かる可能性もある、ということなんですね。

そうなんです。「あの投資信託はリスクが高い」という場合、「投資信託の値動きが大きい」という意味になります。

僕がイメージしていたリスクとは違いますね。

一方で、「リターン」という言葉もよく聞きますよね。**リターンは投資で得られる利益のこと**です。**リスクの高い金融商品はリターンが大きく**、逆にリスクの低い金融商品はリターンが小さくなります。

そういうことなんですね。

投資をするときに大切なのは、**自分がどの程度のリスクまで耐えられるか**、です。自分のリスク許容度を把握したうえで、金融商品を選ばなければなりません。

なるほど。僕はまだ「投資は怖い」というイメージがあるので、できるだけリスクは小さくしたいです。そういうタイプは投資に向いていないですか?

そんなことないですよ。自分がどの程度リスクを許容できるかを把握

していることのほうが大切です。下の図は投資信託のリスクとリターンの関係を表しています。

 ひと口に「投資信託」といっても、リスクやリターンは異なってくるんですね。

 そういうことです。

〘 リスクとリターンの関係 〙

投資信託の場合

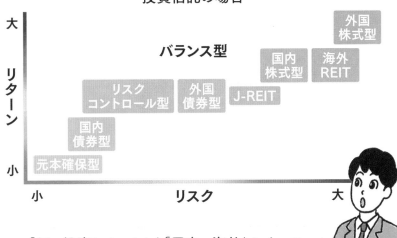

「何に投資しているか」「国内・海外」によって
リスクとリターンの大小は変わるんですね

「インデックス型」と「アクティブ型」

 イマイチさんのように、「安全性」を重視する人には、「**インデックス型**」の投資信託が向いています。

 インデックス型？　初めて聞く言葉です。

インデックス型は、**値動きの平均値などを示すインデックス（指数）との連動を目指すタイプのファンド**です。たとえば、日本株式の代表的な指標である「日経平均株価」や「TOPIX（東証株価指数）」の動きに連動する投資信託は、これらの指数が上がれば、同程度に値上がりするように設定されています。外国株式では、S&P500などが有名です。

わかりやすいので安心感があります。

一方で、もっとリスクをとっても大丈夫という人であれば、「**アクティブ型**」と呼ばれるタイプの投資信託も選択肢に入ります。

名前からして積極的なイメージですね。

アクティブ型は、**インデックス（指数）を上回る成果を目指すファンドで、収益が高い投資対象に積極的に投資**していきます。大きな収益を得られる可能性もありますが、反対にインデックスを大きく下回る場合もあります。

アクティブ型のほうが運用利回りは高くなる可能性があるということですよね。それは魅力的ですね。

ただ、アクティブ型のデメリットとしては、信託報酬という運用管理費用が高めであることと、有望な投資信託を選ぶには知識や手間が必要になります。

うーん、迷いますね。でも、初めての投資なので、安全策のほうが自分には向いているかも。

長期投資を前提とするなら、インデックス型のファンドのほうが安定した実績をあげている傾向がありますから、その選択はいいと思います。

それなら、最初はインデックス型の投資信託から積立を始めてみます。

〔 インデックス型とアクティブ型の違い 〕

	インデックス型	アクティブ型
運用手法	ベンチマークと連動した値動きを目指す	ベンチマークを上回る運用成果を目指す
値動きのイメージ	------- ベンチマーク —— インデックスファンド	------- ベンチマーク —— アクティブファンド
商品（ファンド）ごとの運用成績	同じ指数に連動するものなら運用成果にあまり差がない	商品による差が大きい
コスト（信託報酬）	低い	高い

一見、アクティブ型のほうが儲かりそうですが、
プロのファンドマネージャーでも、
結果を出し続けることは簡単ではありません

若いうちは積極的にリスクをとる選択肢もあり

 積立投資はインデックス型がおすすめですが、積立投資を始めて、投資に対する免疫がついてきたら、高いリターンを目指すという選択肢もあります。

 高利回りの商品に投資するということですか？

 そう。イマイチさんのように20〜30代前半の若い世代は、ある程度、

運用期間を長くとれるので、リスクをとりやすい。**運用期間が長くなるほどリスクは小さくなりますから**。また、万一期待したリターンが得られなかった場合でも、リカバリーできるチャンスもあります。

 独身のうちは、背負っているものもあまりないので、リスクはとりやすいかも。

 若いうちは「攻めの投資」をするのも選択肢として十分にあり得ます。

 もし攻めの投資をするなら、具体的にどうすればいいんですか？

 積立投資は続けながら、資金の一部を新NISAの成長投資枠で高リターンが期待できる株式や投資信託に回すのが現実的です。

 そういえば、つみたて投資枠のことばかり聞いていて、「成長投資枠」をスルーしていましたが、これって何ですか？

 成長投資枠は、旧NISAの一般NISAと基本的には同じです。具体的には、上場株式（日本株式や外国株式）、ETF（上場投信）、REIT（上場不動産投信）や公募株式投資信託などです。

 えっと……知らない横文字が出てきて、ついていけるかどうか……。

 もちろん、説明しますから安心してください。

POINT

✔ 投資期間を長くして複利効果を得よう

✔ 自分がどこまで投資のリスクを許容できるか把握しておこう

✔ 投資信託はアクティブ型とインデックス型を使い分ける！

子育て世代は商品変更を
視野に入れる

教育資金、住宅購入、老後資金……、大きなライフイベントが
控えている人は、積立投資にも戦略が必要です

 MORITAKA先生、俺も質問していいですか？

 どうぞ、どうぞ。イケテルさんは、つみたてNISAを3年前に始めたんですよね？

 はい、じつは先生に今後の投資戦略について相談したいことがありまして。

 どういった相談になりますか？

 先生に現行のNISAのことを教わってから、積立投資を続けてきました。順調に資産も増えていて、あのとき先生のアドバイスを聞いておいてよかったです。

 それはなによりです。イケテルさんは、結局、どんな投資信託で積立をしているんですか？

 外国・世界株式型のインデックスファンドで運用しています。日本を除く主要先進国の株式に投資するファンドです。その積立は順調なのですが、このまま積み立てているだけでいいのか、心配になってきまして……。

 どうしてそう思ったのですか？

 妻との間では、できるだけ頭金を貯めて10年後くらいにマイホームを購入しようという話が持ち上がっています。子どもが5歳になった

ところなのですが、教育資金にもまとまったお金が必要になりそうですし、積み立てている資金を活用することを考えています。新NISAがスタートすることですし、このままでいいのか、それともほかの方法があるのか、先生にお聞きしたいと思いまして。

 なるほど、ライフイベントでまとまった資金が必要になるケースですね。ポイントは、**10年後のマイホーム購入までまだ時間がある**、ということです。

 はい、それまでは頑張って積み立てたいと思っています。

 現在のインデックス型ファンドでの積立は継続しながら、**「成長投資枠」を使ってアクティブ型の投資にも資金を回す**のもひとつの考え方です。

 積極的にリスクをとる、ということですか？

 そうです。それなりに長い運用期間がとれるなら、高リターンを期待して、攻めの運用をしても問題ありません。

 横からすみません。「成長投資枠」って先ほど出てきた新NISAの話ですよね。

 そうそう、ちょうどイマイチさんにも成長投資枠の話をしようとしていたところだったの。まずは、成長投資枠の説明をしておきましょう。

 俺もまだ成長投資枠は使っていないので、聞いておきたいです。

成長投資枠で買える金融商品とは？

 成長投資枠は、現行の一般NISAと基本的には同じです。具体的には、**上場株式（日本株式や外国株式）**、**ETF（上場投信）**、**REIT（上場不動産投信）** や公募株式投資信託などが投資対象商品になります。上場株式というのはわかりますか？

企業の個別株式のことですよね。トヨタとかパナソニックとか。ETFは証券取引所に上場されている投資信託のことで、株式と同様に証券取引所で売買が可能です。平均株価などに連動して値動きするので、インデックス型の投資信託と似ていますが、手数料が安い、売買がしやすいなどの特徴があります。

正解です。さすが、イケテルさん。勉強していますね。

REITは不動産投資信託のことですよね？

そう、投資家から集めた資金で不動産に投資を行う投資信託のことで、家賃収入などが投資家に分配されます。投資信託の不動産版ですね。

つみたて投資枠よりも、購入できる商品の幅が広そうですね。

もうひとつ、つみたて投資枠との違いがあって、**リスクの大きいアクティブ型の金融商品にも投資できる**のがポイントです。たとえば、企業の個別株式は、その会社の業績や評判、不祥事などが直接株価に反映されるから値動きが大きくなります。インデックス型の投資信託と比べて、収益が大きくプラスになる可能性もあれば、マイナスになる可能性もあります。つまり、リスクが高い。

だからアクティブなんですね。でも、将来、住宅や教育に使う計画があるのに、積極的にリスクをとりにいっても大丈夫なんですか？

もちろん、すべてをアクティブ型で投資するわけではなく、**基本はインデックス型で積立投資をして、一部をアクティブ型の投資にまわす**、というイメージです。短期間で売買する場合は売買のタイミングで大きく損をする可能性もあるのでおすすめはできませんが、**まとまった資金が必要になるまで10年くらいの期間があるなら、ある程度積極的にリターンをとりにいっても大丈夫**です。

なるほど、資金の一部なら万一のことがあっても、ダメージは小さそうですね。

とはいえ、すでに使う計画のあるお金を減らすのは大きなダメージになるので、きちんとリスク管理をする必要もあります。

たしかに。マイホームを購入する直前に資金が減ったら困ります。

大きなライフイベントに備えるための投資戦略

そこで、おすすめしたいのは、**資金が必要になる2〜3年前に、つみたて投資枠、成長投資枠で投資している資金の一部、もしくは全部を売却し、その資金でより低リスクの商品を購入する**ことです。

買い替えるということですか？

いくらインデックス型の投資信託でも投資である以上、値下がりする可能性がありますから、資金が必要になる時期の前に、よりリスクの低くて安全な商品にスイッチするのです。

リスクが低い商品とは、具体的には何ですか？

たとえば、**REITや債券型の投資信託は、比較的リスクが低い**とされています。

なるほど、それなら10年後のマイホーム購入までに、リターンを追うことと、リスクを管理することを両立できますね。

〔 金融商品とリスクの関係 〕

| 債券 | REIT | 投資信託 | ETF | 株式 |

リスク**小** ← → リスク**大**

※一般的なイメージであり、すべての金融商品に当てはまるものではありません。

債券は国や企業が発行する証券で、国債などは安全性の高い商品です

イマイチさんとイケテルさんのケースを整理しておきましょう。イマイチさんのように若い世代（20〜30代前半）で、これから金融資産をつくりたい人は、**まずは「つみたて投資枠」で長期に積立をするのが基本**。もし期待リターンを上げたいなら、**「成長投資枠」でよりアクティブ型の金融商品を検討するといいでしょう**。

積立投資が軌道に乗ったら、成長投資枠を使うことも考えてみます。

一方、イケテルさんのように住宅購入や住宅ローンの繰り上げ返済計画のある人、将来的に教育資金が必要になる**子育て世代の人は、当初はインデックス型の投資信託の積立を中心に、成長投資枠でアクティブ型の金融商品への購入も検討する**。そして、**まとまった資金が必要になる2〜3年前に資産の一部、または全部を売却。その資金でより低リスクの商品を購入して、ライフイベントに備える**といいでしょう。

先生のおかげで、今後の投資戦略が見えてきました！

大きなライフイベントがある場合は 金融商品の「買い替え」を検討

例 👨‍👩‍👧‍👦 子育て世代　🏠 10年後以降に住宅購入・住宅 ローン繰り上げ返済計画のある人

現在	7〜8年後	10年後

インデックス型投資信託
（つみたて投資枠）

アクティブ型投資信託
（成長投資枠）

売却

子どもの進学、住宅購入などのライフイベント

買い替え

より低リスクの 金融商品 → **資金 活用**

低リスクの商品に買い替えておけば 大きな資産が必要なタイミングで 資産が目減りすることを防げますね

POINT

✔ 「成長投資枠」ではリスクの高いアクティブ型の 投資ができる

✔ 長期間の投資が可能なら積極的にリスクを とってもOK！

✔ ライフイベントに合わせて「商品変更」を 選択しよう

売却したいときはどうする？

いつでも売却できるのは
デメリットでもある

新NISAはいつでも売却できるのはメリットですが、諸刃の剣
でもあります。デメリットもしっかり理解しておきましょう

先ほど、資金が必要になる前に売却するという話がありましたが、積立投資でも売却に制限はないんですか？

成長投資枠はもちろん、つみたて投資枠についても、いつでも売却可能です。これは、新NISAのメリットのひとつといえます。

それなら大きなお金が必要になったら、そのタイミングで現金化することができるんですね。しかも、含み益が出ていても、税金がかからないというのはありがたいですね。

ただ、いつでも売却できる、というのはメリットであると同時に、デメリットでもあります。

どういうことですか？

いつでも売却できると、短期間で売却してしまう人が出てくるからです。たとえば、タイミングよく購入から1年後に購入した投資信託が10％値上がりしたとしましょう。利益が出ているなら、それをすぐに享受したくなるのが人間の性です。

俺もNISAを始めたばかりの頃、わりと短期間で利益が出て、売りたいという誘惑にかられたことがあります。

投資においては、短期的な利益に目がくらんでしまうケースは少なくありません。しかし、短期投資では、以前に説明したような長期の積立投資のメリットを得られなくなってしまいます。したがって、**積立**

投資を始めるなら、ある程度長い期間を想定して売却しないのが正解といえます。

 ドルコスト平均法のメリットを得るためにも、一喜一憂することなく、気長に構える姿勢が大切ですね。

自分の立場や環境に合わせて売約できる

 売却という面でいえば、**非課税保有期間が恒久化されたのは、かなり大きなメリット**です。

 自分の好きなタイミングで売却できる、ということですよね？

 はい、現行のつみたてNISAの場合は、非課税期間が20年と決まっていました。もし非課税期間の20年間が終了したときには、売却か課税口座への移管を選択することになりますが、もしその時点で含み損が出ていたら、売却しても非課税のメリットは得られません。

 その時点で売却しないという選択はできますか？

 できますが、売却せずに課税口座への移管を選択肢し、値上がりを待って売却したとしても、税金の20.315％が引かれてしまいます。

 そうなると、せっかく長期間積立してきたのが水の泡という残念な気分になりますね。

 もちろん、積立をしないよりしたほうが絶対にいいので、税制優遇を享受できなければムダだとはいえませんが、**市場環境や資金が必要になるタイミングで自由に売却時期を選べる新NISAは使い勝手のすぐれた制度**といえます。

 はい、はい、先生！

 どうしましたか？　イマイチさん。

イケテル先輩とのやりとりを聞いていたら、いろいろ投資について知りたいことが出てきました。

 なんでも興味をもち始めると、いろいろ疑問がわいてきますよね。投資の世界は奥深いからなおさらです。でも、今日は夜も遅いので、また別の日（第3章）にあらためて説明しましょう。

 そうですね。では、今日はお開きということで。ありがとうございました。

POINT

✔ いつでも売却できるのは新NISAの大きなメリット

✔ 一方で、短期間で利益を得たい誘惑にかられてはいけない！

新NISAとiDeCoは
資産形成上、関係している制度なので
次章もぜひ読んでください

3

誰でも加入できる！

「iDeCo」で老後の不安を吹き飛ばす

個人型確定拠出年金であるiDeCo（イデコ）は、公的年金にプラスして給付を受けられる私的年金。老後資金づくりの心強い味方となってくれるだけでなく、税制面で優遇されるため、活用しない手はありません。企業型確定拠出年金（DC）とあわせて学んでいきましょう。

老後資金の準備は大丈夫?

まずは年金の基本を理解しよう

「年金」とひと口にいっても、いろいろな種類があります。
まずは年金制度の概要を頭に入れておきましょう

 iDeCoについて説明する前に、イマイチさんものんびりさんも、年金のことをあまり理解していないようなので、まずは年金の基本から確認していきましょう。

 はい、お願いします。

 イマイチさんは、自分がどの年金制度に加入しているか理解していますか?

 確定拠出年金に加入していることは知っています。会社で説明会みたいなものを受けましたから。

 それだけですか?

 えっ? それ以外にも払っているんですか?

 もちろんです。イマイチさんのような会社員は、国民年金と厚生年金にも加入して、毎月掛け金を支払っています。

 そういえば、給与明細にそんな項目があったような気がします……。

 あらあら、困りましたね。けっこう大きな金額が引かれているはずですよ。

 すみません……。

では、イチから年金の仕組みを説明しないといけませんね。**年金は、4階建ての構造になっています。**下の図を見てください。まずは1階部分にあたるのが**国民年金**。基礎年金として20歳以上60歳未満の全国民が加入を義務づけられています。

〔 年金制度は4階建て 〕

任意加入　企業独自　公的年金

4階	じぶん年金（自助努力）						
3階	国民年金基金	確定拠出年金（個人型iDeCo）					
3階	国民年金基金	確定拠出年金（企業型DC）	企業年金確定給付	年金払い退職給付	年金払い退職給付	職域加算 2015年まで	
2階	国民年金基金			代行部分		共済年金 2015年まで	
2階	国民年金基金	厚生年金					
1階	国民年金						

自営業者 学生・フリーター・自営業の配偶者など	会社員 サラリーマン・OL・一定条件の派遣社員	公務員 官公省庁職員・警察官・自衛官・教職員など	専業主婦（夫） 被扶養配偶者
第1号被保険者	第2号被保険者		第3号被保険者

1階、2階はおもに「公的年金」。
iDeCoや企業型DCは
3階の「私的年金」です

全国民ということは、姉のようなフリーランスや、専業主婦（主夫）も加入しているんですね。

 自営業者やフリーランスは第1号被保険者、専業主婦（主夫）は第3号被保険者と呼ばれます。会社員や公務員は、第2号被保険者に該当します。

 僕のような第2号被保険者は、国民年金のほかにどんな年金に加入しているんですか？

 会社員や公務員は国民年金に上乗せする形で厚生年金に加入しています。これが2階部分で、1階部分と2階部分の多くを占めるのが、いわゆる「公的年金」と呼ばれるものです。厚生年金に加入している人は、そのぶん毎月の保険料も多く払っていることになります。

 ちょっと損した気分……。そのうえ、確定拠出年金の分も払っているんですよね。

 確定拠出年金は3階部分にあたります。これらは私的年金として、公的年金にさらに上乗せするもので、**企業型確定拠出年金（DC）** や確定給付企業年金、厚生年金基金、そして **iDeCo** などが該当します。

 そんなに必要なんでしょうか？

 年金に掛け金として支払った金額は、将来年金として返ってくるので、**半強制的に老後の資金を積み立てていると思えば、決して悪い話ではありません。** 老後資金を自主的に貯めるのは、意外と大変ですから。

 たしかに、僕のように計画性のない人間には、半強制的に積み立ててもらえるのはいいのかも。ところで、会社で加入している確定拠出年金とiDeCoは何が違うんですか？

 それはいい質問ですね。

えへへ。

いよいよ今回のテーマであるiDeCoの話までたどりつきましたね。iDeCoの話はあとで詳しく説明するとして、先ほどの年金制度の図について質問はありますか？

3階部分まではわかりましたが、4階部分は何ですか？

自助努力によってつくる「じぶん年金」のことです。公的年金や企業年金では老後の生活資金が不足しそうな場合、その補完として個人年金保険に加入する人もいます。この場合、保険会社などで個人的に手続きして、加入することになります。**新NISA制度や保険料控除を活用して、このじぶん年金をつくる**というのもひとつの方法です。

さらに上乗せするということですね。ひと口に「老後資金の積み立て」といっても、いろいろな選択肢があるんですね。

ただ、まず検討すべきは3階部分。年金に回す資金が豊富にあれば個人年金保険やNISAを活用したじぶん年金も視野に入れてもいいと思いますが、まずは3階部分までの制度をしっかり理解することから始めましょう。

POINT

✔ 年金制度は4階建て。
　保険料を多く払うほど受け取れる額も増える

✔ 豊かな老後のためにiDeCoやじぶん年金を
　検討してみよう

企業型DCとiDeCoは何が違う？

iDeCoは自分で運用する年金

iDeCoと同じ確定拠出年金には「企業型DC」もあります。
iDeCoについて学ぶ前に2つの違いを理解しましょう

 そもそも確定拠出年金は、どういう特徴をもった制度なんですか？

 確定拠出年金は、**加入者ごとに拠出された掛け金を加入者自らが運用し、その運用結果に基づいて給付額が決定される年金制度**です。

 ということは、僕も運用しているということですか？

 もちろんです。制度に加入する前に、どの金融商品で運用するか、自分で選んだはずですよ。

 そういえば、何か選んだような……。もう何年も前のことなので記憶があいまいです。

 やれやれ……。それはともかく、同じ確定拠出年金でも、イマイチさんが加入しているのは企業型確定拠出年金で、通称「企業型DC」といいます。一方、iDeCoは個人型確定拠出年金です。

 企業か個人の違いですね。

企業型DCの資産評価額を把握していますか？

 企業型DCは会社が導入する年金制度で、イマイチさんの職場のように**導入している会社もあれば、導入していない会社もあります。導入している会社でも、自動的に加入する場合と、社員が加入を選べる場合があります**よ。

うちの会社は選択の余地がなかったので、自動的に加入することになっていたのかも。でも、掛け金もかかるわけだし、自分で選択できるほうが親切のような気がします。

勘違いされているかもしれませんが、**企業型DCの場合、掛け金は会社が負担しています**。会社の負担分に自分で上乗せできる場合（マッチング拠出といいます）もありますが。

それなら得した気分です！

でも、さっきも説明したように、運用は自分で行います。会社が選定した金融商品の中から選ぶ仕組みになっているケースが多いようです。

そうなんですね！　ということは、運用の成績しだいでは、年金が増える可能性もありますよね？

そうですね。**確定拠出年金は、どの商品を選ぶかで年金の資産評価額も変動しますから**。イマイチさんは企業型DCの評価額がどれくらいか把握していますか？

評価額ってわかるものなんですか？

もちろんです。イマイチさんが運用しているわけですから。企業型DCの加入者には、毎年5月末から6月初旬にかけて残高通知が届くはずです。今は封書ではなく、メールでPDFが届くケースも増えているようです。その通知を見れば、3月末基準の年金資産の時価評価額や運用商品ごとの損益などがわかるようになっています。

そういえば、毎年それらしい通知メールが届いていたかも……。見てもよくわからないので、ここ何年かは中身を見ないでゴミ箱に捨てていました……。

え⁉　捨ててしまった？　将来の生活を支える大事な資産なんですから、もっと興味をもってください！

す、すみません。

 こちらこそ、興奮して思わず大きな声を出してしまいました。ごめんなさい。次回の残高通知はしっかり確認して、保存しておいてくださいね。

 はい、肝に銘じます。

iDeCoは自分で商品を決めて運用する

 話を戻すと、個人型確定拠出年金であるiDeCoは企業型DCとは別物です。**iDeCoは、毎月掛け金を積み立てて金融商品で運用し、老後資金を自分でつくる年金制度**です。老後資金のために掛け金を運用するという意味では企業型DCと似ていますが、企業型DCは福利厚生制度の一環であるのに対し、iDeCoは自助努力の制度です。だから、iDeCoに加入する場合、**自分の給料などから掛け金を拠出し、自ら運用する必要があります**。

〚 企業型DCとiDeCoの違い 〛

企業型DC		iDeCo（個人型DC）
企業型DCを導入している会社の社員	加入対象	自営業者、フリーランス、会社員、公務員、専業主婦
70歳未満	加入可能年齢	65歳未満
会社	実施主体	国民年金基金連合会
会社が拠出	掛け金の拠出	加入者が拠出
60〜75歳	受給開始年齢	60〜75歳
会社が選ぶ	運営管理機関	自分で選ぶ

企業型は会社が掛け金を拠出、iDeCoは
加入者個人が拠出する点が大きな違いですね

加入するかどうかはもちろん、すべて会社に関係なく、自分で決めるということですね。

 ただ、自由でない面もあります。あくまでも年金制度なので、**原則60歳まではお金を引き出すことができません。**

 なるほど、それは仕方ないとしても、同じ年金制度である企業型DCに加入していれば十分だと思うのですが……。

 そう思いますよね。でも、iDeCoが注目を集めているのは、加入するメリットが大きいからです。

 僕や姉にとってもおいしい話なんですか？　それなら興味あります。

 もちろん！　次はiDeCoの最大の魅力について具体的に見ていきましょう。

POINT

> ✓ 企業型DCとiDeCoの違いを理解しよう！
> ✓ iDeCoは自分の給料などから掛け金を
>   拠出し、運用する自助努力の年金

3つの税制優遇メリット

iDeCoの魅力は、その圧倒的な税制メリットにあります。
3段階で得られるiDeCoの税制優遇効果とは？

 先生、iDeCoのメリットって何ですか？　早く教えてください！

 まあまあ、落ち着いて。ちょっと復習しましょう。新NISAの最大の
メリットは何か覚えていますか？

 運用で利益が出ても税金がかからない、ということですよね。

 正解。よく覚えていましたね。

 お得な話は忘れないタイプなので。

 金融商品に投資して運用すれば、運用益には税金がかかります。でも、
新NISAと同じで、iDeCoの場合も運用益に税金がかかりません。

 それはお得ですね！　でも、新NISAの積立投資と違って60歳まで引
き出せないなら、だいぶ先の話であまりピンときません……。

 じつは、ここからが大事なのですが、iDeCoの税制メリットはそれだ
けではありません。**①積立期間中、②運用期間中、③受取時の3つの
タイミングで税制優遇を受けられる**のです。

 1粒で3度おいしいということですか。それはがぜん興味がわいてき
ました。

 そうでしょう。ひとつずつ説明していきましょう。

〔 iDeCoの3つの税制メリット 〕

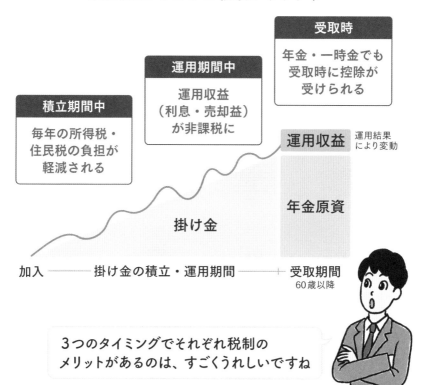

積立期間中
毎年の所得税・住民税の負担が軽減される

運用期間中
運用収益（利息・売却益）が非課税に

受取時
年金・一時金でも受取時に控除が受けられる

運用収益 運用結果により変動

年金原資

掛け金

加入 ———— 掛け金の積立・運用期間 ——— 受取期間
60歳以降

> 3つのタイミングでそれぞれ税制のメリットがあるのは、すごくうれしいですね

掛け金が全額所得控除の対象に

 まず、**①積立期間中の税制優遇**とは具体的にどういうメリットがあるんですか？

 毎月、積み立てる掛け金は全額所得控除の対象なります。どう、すごいでしょ？

 しょ・とく・こう・じょ？　そこからお願いします。

 イマイチさんの給与から税金が引かれているのはご存じですよね？

99

所得税や住民税でしたっけ？

 これらの税金を計算するための金額を「課税所得」といいます。要は「税金がかけられる所得」のことで、この金額が大きいほど税金の額も大きくなります。ここまでは大丈夫？

 はい。給与が増えるにつれて、税金も多く引かれているのは実感としてあります。

 所得控除とは、**所得税の額を算出する際に、所得から一定の金額を差し引くこと**です。iDeCoの毎月の掛け金が所得控除の対象になるということは、その掛け金の分だけ課税所得が小さくなることを意味します。

 ということは、それに合わせて税金の額も少なくなるということですね。

 その通り。その年の所得税と翌年の住民税の負担が軽減されます。のみこみが早いですね。

 何度でも言いますが、お得な話には目がないので。

 具体的な数字で考えてみましょう。たとえば、年収600万円の会社員（40歳）がiDeCoで毎月2万円ずつ20年間、積み立てたとしましょう。その場合、1年間の節税額は4万8000円。**20年間では96万円の節税**となります。

 96万円は大きい！　早く始めるほど、節税額は大きくなりますよね。

 イマイチさんの場合、30歳の今から始めて運用期間を約35年とすると、毎月の積立金が2万円なら節税額は約170万円となる計算です。

 それはありがたいですね！

〖 毎月拠出する掛け金は全額所得控除の対象になる 〗

| 課税所得 | ▶ | 掛け金 → 所得控除
課税所得 | ▶ | 課税所得 ×税率 |

本来の課税所得　　　毎月拠出する掛け金が　　　＝ 税額
に対して　　　　　　全額所得控除の対象と
　　　　　　　　　　なるため課税所得が減り　　　税額が少なくなります

小規模企業共済等掛金控除の対象となります。年間収入の金額によっては所得控除のメリットが
受けられないことがあります。

長期間、運用するiDeCoは節税額も
コツコツと積み重なって大きくなります

運用で得た利益に税金がかからない

 ②運用期間中の税制メリットというのは、新NISAと同じですか？

 そうです。金融商品の運用で得た利息・売却益（運用益）には、本来、決済時に20.315％の所得税や住民税等がかかります。仮に50万円の利益が出ても10万円以上も税金で引かれてしまいます。

 それは悲しい‥‥。

 しかし、**iDeCoの運用益は非課税**です。たとえば、月３万円ずつ投資信託に積み立てて、年率３％の利回りで30年間運用したとしましょう。税制優遇を受けない場合、20.315％が課税されるので、運用資産は1612万円となります。一方、iDeCoを利用して運用した場合は運用益が非課税となるため、運用資産は1748万円となります。じつに**136万円の差**となります。

 クルマを買えるくらいの金額ですから、無視できませんね。

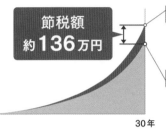

〚 iDeCoでは運用益が非課税になる 〛

月々3万円を積み立て、年率3%で運用した場合

節税額 約136万円

確定拠出年金を利用した場合
運用益は非課税
1748万円

税制優遇がない場合
運用益に 20.315% 課税
1612万円

0年　　　　　　　　　30年

> 投資信託の決済時に運用益に対して
> 所得税・住民税等が課税されますが、
> iDeCoでは運用益が非課税になります

3つの受給方法はどれにも税制メリットがある

 3つめの税制メリットは、**③受取時のタイミング**です。

 受取時ということは、60歳を超えて年金を受け取るときのことですね。iDeCoの場合も、公的年金と同じように、年金として分割して受け取ることになるんですか？

 iDeCoの資産の受給方法には、複数のパターンがあります。**「年金」「一時金」「年金と一時金の併用」**の3つです。60歳以降に受給開始時期を決めたら、どの方法で受け取るかを選びます。

 どれを選んでも、税金面でメリットがあるんですか？

 はい。**「年金」の形で分割して受け取る場合は、雑所得（公的年金等）として課税され、公的年金等控除が適用**されます。

 公的年金等控除というのは、さっきの所得控除と同じ考え方をすれば

いいんですか？

そうですね。具体的に言うと、ほかの公的年金と合算した雑所得から、公的年金等控除を差し引くことができます。**65歳以上から年金を受け取る場合、公的年金等の収入金額が330万円未満であれば、この雑所得が110万円までは税金がかかりません**（65歳未満で、公的年金等の収入金額が130万円未満の人が受け取る場合は60万円まで）。

「一時金」というのは、どういう受給方法なんですか。

「一時金」は積立資産を一括で受け取る方式です。年金方式の場合は雑所得として課税されたのに対して、一時金の場合は、iDeCoの一時金と退職金を合算した金額が退職所得として課税の対象となり、退職所得控除が適用されます。

なるほど……。

3つめの「年金と一時金の併用」は、一部を一時金で受け取り、残りを年金で受け取る方式です。先の2つのパターンのいいとこ取りのイメージですね。ちょっと難しかったかしら？

正直、頭が混乱してきました。

iDeCoの資産の受け取り方については、あとでもう少し説明するので、ここではとりあえず、**「iDeCoの資産を受け取るときも、大きな税制メリットがある」**ということだけ覚えておいてください。

とりあえず、iDeCoは税制のメリットが盛りだくさんであることは理解できました。

一般的に会社員は自営業者などと比べて節税の余地が少ないといわれますが、iDeCoは会社員でも大きな税制メリットを享受できる制度です。老後資金を貯めたいと考えている人は、真っ先に活用することを検討するといいでしょう。

〔 iDeCo資産の受け取り方法 〕

年金方式

分割受取

雑所得（公的年金等）として課税され、
公的年金等控除が適用される

一時金方式

一括受取

退職所得として課税され、
退職所得控除が適用される

勤続年数	退職所得控除
20年以下	**40万円×勤続年数** （80万円未満のときは80万円）
20年超	**800万円＋70万円×（勤続年数－20年）**

例 確定拠出年金の積立期間が25年の場合の退職所得控除額

800万円＋70万円×（ 25年 －20年）
＝1150万円

「年金方式」と「一時金方式」の
併用も可能ですよ

POINT

✓ iDeCoの税制メリットは ①積立期間中、
　②運用期間中、③受取時の3つのタイミング

✓ 会社員もiDeCoを活用して税制優遇を受けよう

4

iDeCoの加入資格を押さえておこう

多くの人に門戸が開かれているのもiDeCoの魅力のひとつ。
ただし、立場や条件によって掛け金の上限が異なるので注意！

 そもそもの話ですが、僕みたいに企業型DCに加入している会社員でもiDeCoは始められるのですか？

 大丈夫ですよ。**20歳以上65歳未満で国民年金に加入している人ならほぼ全員加入できます。**会社員はもちろん、のんびりさんのようなフリーランスや専業主婦（主夫）も対象となります。ちなみに、イマイチさんの会社のように企業型DCを採用している場合、規約による定めが必要でしたが、2022年の制度改正でそれが不要になり、企業型DCに加入する人のほとんどがiDeCoに同時加入できるようになりました。加入できないのは65歳以上の人、海外移住者、国民年金保険の免除・納付猶予者くらいです。

 それなら僕も加入資格がありますね。

 ただし、企業型DCの掛け金に、社員が掛け金を上乗せしている場合（これをマッチング拠出といいます）、iDeCoには加入できません。つまり、マッチング拠出とiDeCoのどちらかを選ぶ必要があります。

 でも、かなり間口の広い制度なんですね。

 もともとiDeCoは公的年金の少ない自営業者が対象でしたが、会社員を含めて国民全体が公的年金や銀行の預金だけで老後資金をまかなうことが難しくなってきているので、国も積極的にiDeCoのような私的年金制度を後押ししている背景もあります。ただ、年金制度という性格上、**60歳まではお金を引き出せない**のは、すでにお話ししたとおりです。

途中で引き出せないのはちょっと不便ですね。

 その代わり、**確実に老後資産を貯められるのは大きなメリット**といえます。

 もしiDeCoを始めるなら、企業型DCと同じように毎月掛け金を積み立てていくことになるんですか？

 月5000円から1000円単位で自由に設定できます。専用の口座を開設すると、指定口座から自動的に積み立てていくことになります。

 5000円からなら、そこまでハードルは高くないかも。みなさん、だいたいどのくらい積み立てているものなんですか？

 人によりけりですが、加入資格によって積み立てできる上限が変わってきます。

〖 iDeCoの掛け金には上限がある 〗

加入資格		掛金の上限	
第1号被保険者 自営業者・フリーランスなど		月額**6万8000円**	年額81万6000円
第2号被保険者 会社員・ 公務員など	会社に企業年金がない会社員	月額**2万3000円**	年額27万6000円
	企業型DCに加入している会社員	月額**2万円**	年額24万円
	確定給付型企業年金のみ加入 している会社員・公務員等	月額**1万2000円**	年額14万4000円
第3号被保険者 専業主婦（夫）		月額**2万3000円**	年額27万6000円

掛け金の上限が大きい自営業者ほど、
税制メリットは大きくなります

 会社員の場合は、いくらまでですか？

 会社員は月額2万3000円まで、年額だと27万6000万円です。ただし、**会社員は企業年金の有無によって変わってきます。**会社に企業年金がない場合は月2万3000円ですが、イマイチさんのように企業

型DCに加入している社員は月額2万円まで、年額だと24万円までです。確定給付型の企業年金に加入している会社員や公務員は月額1万2000円、年額14万4000円までとなります。

ちょっとややこしいですね。

みなさんが働いている会社によって事情が変わってきますから、実際に加入を検討するときは勤務先の担当部署に問い合わせることをおすすめします。

フリーランスは月額6万8000円まで

あのぉ、すみません。私のようなフリーランスの場合は、いくらまでになりますか？

のんびりさんのような**自営業者は月額6万8000円**、年額だと81万6000円が上限です。先ほど説明したように、厚生年金や企業年金に加入していない自営業者は、どうしても将来受け取れる年金が少なくなるので、掛け金の上限が高くなっています。

じつは最近、将来のことに不安を覚えるようになって、MORITAKA先生に新NISAのことをお聞きしたいと思って弟についてきたのですが、iDeCoも魅力的な制度ですね。

そうでしょ。もちろん新NISAを活用してもいいですが、のんびりさんのような**フリーランスや自営業者の立場の人には、iDeCoの活用も視野に入れることをおすすめします。年間81万6000円まで掛け金を拠出できるのは、大きな税制優遇効果ですから。**

仕事仲間のフリーランスからもiDeCoを始めたと聞いて、ずっと気になっていたんですが、具体的な行動に移せなくて……。でも、先生のお話を聞いて、とても興味がわいてきました。

ところで、のんびりさんは、国民年金のほかに何か将来のために積み

立てをしていますか？

 いえ、貯金はそれなりにありますが、特に老後資金などの積み立ては
していません。

 失礼ですが、結婚のご予定は？

 うーん、相手もいませんし、今のところは全然ありません。もちろん、
いい人がいれば結婚も考えたいですが、正直に言うと、このままおひ
とりさまでいることも想定しています。ちょっと不安……。

 そうなんですね。今は人生も多様化していますし、結婚しない人生も
ありだと思いますよ。胸を張って！　私もおひとりさまですけど、楽
しく幸せに生きていますよ。

 先生もそうなんですね。元気が出てきました。

 ただし、もしおひとりさまで生きていくとしても、お金のことはしっ
かり考えておかないと。お金の不安があるかどうかで、人生の質が左
右されますから。そういう意味では、**iDeCoやほかの制度を使って
老後資金を積み立てておくことは将来の備えになるはずです。**

 iDeCoのことをもっと知りたくなりました。くわしく教えてください！

 OK！　のんびりさんの将来の夢実現のためにも、いっしょに考えて
いきましょう！

POINT

> ✔ iDeCoは20歳以上65歳未満で国民年金に
> 加入している人ならほぼ全員加入できる
>
> ✔ 掛け金の上限は仕事や立場、会社によって
> 異なる。まずは自分の上限額を把握しよう

5 許容できるリスクに応じて 金融商品を選ぶ

自分で運用できる？

iDeCoは自分で金融商品を選び、運用します。
では、どのような基準で金融商品を選べばいいでしょうか？

 もしiDeCoに加入することになったら、自分で運用する必要があるん
ですよね。僕にできるかなぁ……。

 あら？　でも、イマイチさんは企業型DCに加入しているんですから、
すでに自分で運用する金融商品を選んでいるはずですよ。

 そのはずなんですけど、じつは何を選んだかあまり記憶がなくて……。
当時は「投資は怖い」というイメージばかりだったので、リスクのあ
る商品は選んでいないと思うのですが……。

 それなら「**元本保証型**」を選んでいるかもしれませんね。あとで確認
してみてください。

 はい……すみません。ところで、元本保証型ということは、元手が減
らない商品も選べるんですか？

 はい。元本保証型は、積み立てた元本が確保されるタイプで、「定期
預金」や「保険」などで運用します。元本割れのリスクがないのはメ
リットですが、逆に、**現在の日本のような低金利時代では、運用成果
をほとんど享受できないので、十分な老後資金を貯められない**という
デメリットがあります。

 もし元本保証型を選んでいたとしたら、もったいないことをしたかも
……。

 その場合、「**商品の配分変更**」ができます。たとえばリスクのある商

品を増やすといったことも可能です。

「元本保証型」と「元本変動型」を選べる

 安心しました。ところで、iDeCoの場合は、どのような商品に投資すればいいんですか？

 基本的にはNISAと同じ方針になりますが、投資信託などリスクもリターンもそこそこにある金融商品が対象になります。もちろん、**自分が許容できるリスクの範囲内で選ぶのが基本**ですよ。

〖 iDeCoやNISAの投資対象 〗

投資した金額に対して得られた収益

大 ── リターン ── 小

リスク　小 ── 大

- 商品先物取引
- FX
- 株式
- 投資検討エリア　NISA、iDeCoなど
- 投資信託
- 外貨預金
- 変額保険（年金）
- 個人年金貯蓄型保険
- 国債等債券
- 預貯金

リスクが大きいのは不安だし、リターンが少ないのも嫌だから、リスクは中くらいがいいかな

iDeCoでも投資信託を購入できるんですね。

 はい。iDeCoで運用できる商品は、基本的には企業型DCと同じで、大きく2つに分けられます。ひとつは、**定期預金や生命保険など元本割れのリスクがない「元本保証型商品」**（保険は中途解約すると元本割れするおそれがあります）。もうひとつは、**運用次第で資産が変動する「元本変動型商品」**です。具体的には、おもに「投資信託」が該当します。

〔 iDeCoで運用できる商品一覧 〕

元本保証型商品		
定期預金	生命保険	損害保険

元本変動型商品（投資信託）	
国内株式型	海外株式型
国内債券型	海外債券型
バランス型	REIT型 （不動産投資信託）

国内か海外か、株式か債券か、あるいは
不動産も投資対象にするかによって、
リスクも変わってきます。
あとでもう一度説明します

投資信託にもいろいろ種類があるんですね。

元本変動型の投資信託でリスクをとれば運用成果によって資産を大きく増やせる可能性がありますが、もちろん元本割れする可能性もあります。

「元本割れ」という言葉を聞くと、やはりドキッとしますね……。

もちろん投資にリスクはつきものですから、絶対に元本割れしないとは言い切れません。でも、リスクをコントロールすることはできます。

ドルコスト平均法ですよね（40ページ参照）。その話を聞いているので、長期でコツコツ積み立てていけば、リスクを抑えながら収益を増やせる可能性があることは理解しています。

しっかり覚えてくれていますね。

投資に対する印象がガラリと変わる話でしたから。

付け加えると、**iDeCoのメリットを活かすなら、元本変動型商品のほうがおすすめ**です。

税制優遇の効果ですよね。

そう、iDeCoは運用益に税金がかからないので、ほとんど利益が出ない定期預金などの元本保証型商品だけで運用するのは宝の持ち腐れといえます。

たしかにそうですね。

ただ、なかにはどうしてもリスクをとりたくない、という人もいます。そういう人は無理せずに元本保証型の商品を選んでもいいと思います。iDeCoの場合、**運用益だけでなく、掛け金も所得控除の対象になるので、貯金しておくよりもお得**です。

自分はどれくらいのリスクをとれるか、ということをよく考える必要がありますね。

 付け加えると、**ポートフォリオ**によってリスクは変わってきます。

 ポートフォリオ？　聞いたことがあるような、ないような……。

 投資をするうえでポートフォリオも知っておいたほうがいい言葉なので、少し休憩してから説明しましょう。

 お願いします。

POINT

✔ 運用益に対する税制メリットを得るなら iDeCo がおすすめ！

✔「元本保証型」と「元本変動型」のどちらで運用するか決めよう

✔ あくまでも許容できるリスクに応じて投資商品を決めよう

金融商品の「配分」を決める

金融商品の組み合わせを意味する「ポートフォリオ」。
許容できるリスクを考えながら配分を検討しましょう

 ポートフォリオの話をする前に、おさらいをしておきましょう。投資信託はどんな仕組みの商品だったでしょうか？

 投資家から集めた資金をまとめて、運用の専門家が、さまざまな商品に投資するんですよね。少額で投資できるうえに、分散投資できるのがメリットです。

 よくできました。ただ、投資信託にもいろいろな種類があります。

 インデックス型やアクティブ型などですか？

 そう。そのほかにも、投資対象が国内株式中心のものもあれば、外国株式中心のものもあります。REIT といって不動産を対象にした投資信託もあります。当然、それぞれリスクも異なります。

 投資信託にいろいろな種類があるなら、iDeCo で運用するとき、どの投資信託を選んだらいいか悩みそう……。投資の経験がないので不安です。

 そこで、最低限押さえておきたいのがポートフォリオの考え方です。

 待ってました！　いよいよ本題ですね。

 ポートフォリオとは、**どれくらいの配分で金融商品の具体的な銘柄へ投資するか、という組み合わせ**を指します。

組み合わせ？

具体的に考えてみましょう。仮に**iDeCoの口座を開設すると、毎月の掛け金で購入する金融商品とその割合を決める必要があります。これを「配分指定」といいます**。たとえば、毎月2万円ずつ積み立てる場合、投資信託Aに1万円（50％）、投資信託Bに5000円（25％）、投資信託Cに5000円（25％）の配分で運用すると決めたら、毎月この配分で自動的に積み立てられていくことになります。

この組み合わせをポートフォリオと呼ぶんですね。

その通りです。この配分をどうするかによって、リスクの大きさも違ってきます。

ということは、リスクが大きい投資信託の配分を小さくすれば、ある程度リスクを抑えることができるということですね。でも、どの投資信託が、どのくらいリスクがあるかは、どう判断すればいいのですか？

リスクにもさまざまな種類がありますが、ここでは金融商品のリスクの傾向について、簡潔に説明しておきましょう。

お願いします。

「国内・国外」「債券・株式」でリスクが異なる

投資信託のおもな投資対象としては、「**株式**」と「**債券**」があります。

株式は企業が発行するものですよね。債券は何ですか？

債券は**国や企業が資金借入のために発行する証券**のこと。よくニュースなどに出てくる「国債」は国が発行した証券です。

国債のように国が発行したものは、安全なイメージがあります。

国の保証があるので、安全性が高い商品です。**一般的に、株式よりも債券のほうが安全性は高いとされています。**

日本の債券は安全なイメージですが、外国には危なっかしい国の債券もあるような気がします。

いい視点ですね。国内債券と外国債券では、リスクが異なります。外国の場合は国や地域の経済状況や為替変動などがあるので、リスクが高くなる傾向があります。

それは株式も同じですか?

そう。だから、リスクの低い順に並べると、次のような順番になります。**国内債券＜外国債券＜国内株式＜外国株式。**

リスクを積極的にとりにいきたい場合は、国内株式や外国株式を中心とした投資信託をポートフォリオに組み込めばいい、ということですね。

反対に堅実に運用したいときには、国内債券や外国債券を中心にポートフォリオを組むことになります。まずは**「債券・株式」「国内・外国」という軸をもつことで、おおまかなリスクを判断することができるんです。**

その基準があると、整理しやすいですね。でも、僕は優柔不断なので、それでも迷ってしまいそうです。

iDeCoの口座を開設した金融機関で、担当者に直接相談することもできます。**金融機関が用意している運用商品の中から、許容できるリスクに応じた商品を提案してもらってもいいでしょう。**

"餅は餅屋"と言いますからね。

〖 リスク別ポートフォリオの例 〗

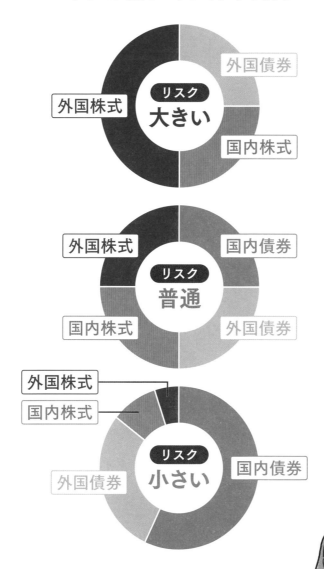

外国株式　リスク 大きい　外国債券　国内株式

外国株式　国内債券　リスク 普通　国内株式　外国債券

外国株式　国内株式　リスク 小さい　外国債券　国内債券

自分がどれくらいのリスクをとれるかによって、
バランスを変えていきましょう

リスク許容度に応じて配分を見直す

もうひとつ付け加えると、**初心者の人で、自分で決めるのが不安な人は、1つの投資信託で幅広い分散投資ができる「バランス型」のファンドを選ぶという手もあります**。たとえば、国内外の債券・株式に加えて、国内外の不動産にも分散して投資するような商品もあります。

〖 幅広く分散投資ができるバランス型ファンド 〗

投資信託の分類

種類	債券	株式	不動産
国内	国内債券型	国内株式型	国内不動産型 J-REIT
	バランス型		
海外	外国債券型 先進国／新興国	外国株式型 先進国／新興国	海外不動産型

幅広く分散投資するバランス型は、安定した運用ができるので、初心者にもおすすめです

それだけ分散されていると安心感がありますね。バランス型にしようかな？

バランス型でもいいですが、イマイチさんのように運用期間が30年以上の長期にわたることになる若い世代の人は、積極的にリターンをとりにいくようなポートフォリオを検討してもいいかもしれません。

外国株式100％で運用するというのもアリですか？

いいと思います。リスクをとれるのは早く積み立てを始めた人の特権ですから。ただし、50代から運用を始めて運用期間が短くなる人はリスクを抑えたほうがいいですし、積極的に運用している人でも定年が近づいてきた人は低リスクのポートフォリオに変更するなど、**年齢に合わせて配分を見直すことは大切**です。

途中で配分を変えることはできるんですか？

iDeCoの場合も、**配分変更が可能**です。たとえば、「投資信託Aに50％、投資信託Bに50％の配分」を、「投資信託Aに80％、投資信託Bに20％」といった変更も可能です。

最初はバランスを重視したポートフォリオから始めて、慣れてきたら積極的なポートフォリオに配分を見直すということもできるんですね。

それ以外に、資産の一部を売却してほかの商品に買い替える「**スイッチング**」も可能です。

それなら、とりあえず始めてみて、あとからゆっくり考えることもできそうですね。

ただし、**配分変更やスイッチングをするときには、商品売却の手数料などがかかるケースがあるので、注意は必要**です。

POINT

✔ 「**債券・株式**」「**国内・外国**」を基準にリスクを判断しよう

✔ **若い人は積極的にリスクをとる選択肢もアリ。50代以上はリスクを小さくすべき！**

「品揃え」「手数料」などがポイント

iDeCoを始めるには専用の口座をもつ必要があります。
長期運用になるので、金融機関選びは慎重に！

 先生と弟の話を聞いていて、iDeCoの魅力がよくわかりました。これまで漠然と貯金していたお金の一部をiDeCoで積み立てようと思います。

 のんびりさんのようなフリーランスにはメリットが大きいですからね。**使う予定のないお金なら貯金で眠らせておくよりも、投資をしてお金に働いてもらいましょう。**

 はい！　ところで、iDeCoの口座をもつためには、具体的にどうすればいいんですか？

 まずは**金融機関でiDeCo専用の口座を開設する**必要があります。証券会社や銀行、保険会社などがiDeCo運営管理機関となっています。

 私は投資未経験なので、証券会社の口座はもっていないのですが、何を基準に金融機関を選んだらいいですか？

 最も重視すべきは、商品の品揃えです。数の大小も重要ですが、それ以上に**分散投資に適した異なるタイプの商品がラインナップされているか**に注目してください。リスクの高い商品ばかり、リスクの低い商品ばかりというように偏った品揃えの金融機関は避けたほうがいいでしょう。ポートフォリオの選択肢は、運用成績に直結しますから。

 わかりました。

 あとは、手数料もチェックポイントになります。投資信託は、購入時、

保有中、解約時のタイミングで手数料がかかります。まずiDeCoの口座を開設すると、加入時に一律で手数料2829円がかかるほか、毎月、口座管理手数料が必要となります。月額171円の金融機関が多いですが、なかには600円程度の手数料がかかる場合もあります。また、掛け金や資産額などの条件がある金融機関もあるので注意しましょう。

 長期間の運用が前提なので、"塵も積もれば山となる"ですね。

信託報酬のコストも無視できない

 そういう意味では、投資信託にかかる**信託報酬**という費用にも注目しないといけません。

〔 投資信託にかかる3つの手数料 〕

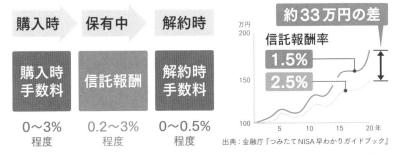

購入時	保有中	解約時
購入時手数料	信託報酬	解約時手数料
0〜3%程度	0.2〜3%程度	0〜0.5%程度

約33万円の差
信託報酬率
1.5%
2.5%

出典：金融庁『つみたてNISA早わかりガイドブック』

保有期間中にずっとかかる「信託報酬」には要注意！ インデックス型・アクティブ型によっても手数料は変わります

 運用にもお金がかかるということですか？

 信託報酬は、**投資信託を管理・運用してもらうための経費として、投資信託を保有しているあいだ投資家が支払い続ける費用**のことです。購入の都度払うのではなく、信託財産の中から「純資産総額に対して

何％」といったように毎日差し引かれます。商品によって信託報酬は異なりますが、年0.2〜3.0％が一般的です。iDeCoの信託報酬は一般のものより低いですが、長期の運用なのでかなりの金額がかかることは意識しておいたほうがいいですね。

 ということは、信託報酬が安い商品を扱っているかどうかも比較材料にしたほうがいいですね。

 一般的には、**銀行よりもネット証券のほうが手数料や信託報酬は安い**傾向があります。

 だいぶイメージがつかめてきました。

 金融機関を選んだら、口座開設の手続きに入ります。

 手続きは難しくないですか？

 基本的には金融機関の示す手順に沿って進めていけば大丈夫だと思いますが、ひとつ気を付けたほうがいいのは、口座開設まで時間がかかること。加入者資格の審査にかけられるため、チェック期間が長く、**口座開設まで通常1〜2カ月ほど要するのが一般的です。だから、思い立ったが吉日。すぐに行動に移しましょう。**

 いつも先延ばしにしてしまうのが私の悪いクセなので、今日は早速、帰りの電車の中で口座を開設する金融機関をチェックします！

 その意気です！　まずは動き出すことが大切です。

POINT

> ✔ 金融機関選びは金融商品の品揃えに注目！
> ✔ 投資信託は「購入時・保有中・解約時」に
> 　手数料がかかると肝に銘じよう

どうやってお金を取り戻す？
「年末調整」や「確定申告」を忘れずに！

iDeCoを始めても自動的に税制優遇を得られるわけではありません。
お金を取り戻すための手続きの仕方を押さえましょう

 iDeCoを始める前に大事なことを先にお話ししておきますね。

 なんでしょうか？

 iDeCoの大きなメリットは、**掛け金の全額が所得控除の対象となる**ことです。でも、放っておいてお金が戻ってくるわけではなく、手続きをしなければなりません。

 もしかして、年度末のアレでしょうか？

 そう、年度末のちょっと面倒なアレです。のんびりさんのようなフリーランスや自営業者の人は、確定申告で手続きを行います。確定申告書に「**小規模企業共済等掛金控除**」の欄があるので、iDeCoの掛け金額を記入したうえで、**小規模企業共済等掛金払込証明書**を添付して税務署に提出します。

 証明書？

 小規模企業共済等掛金払込証明書は1年間に支払った掛け金を証明する書類で、国民年金基金連合会から郵送されてきます。なくさないように保管しておいてください。

 毎年申告しているので、そのあたりは大丈夫だと思います。

 横から失礼します。僕のような会社員の場合も確定申告が必要になるんですか？

〘 iDeCoの掛け金は確定申告で申告 〙

	⑦＋{(⑤＋⑪)×½}	⑪	
	合　　　計 (①から⑥までの計＋⑩＋⑪)	⑫	
所得から	社会保険料控除	⑬	
	小規模企業共済等掛金控除	⑭	
	生命保険料控除	⑮	
	地震保険料控除	⑯	
	寡婦、ひとり親控除 区分	⑰	○○○○

小規模企業共済等掛金控除の欄に、iDeCoの
掛け金の金額を記入すればいいんですね

 会社員や公務員は年末調整での手続きになります。

 年末調整って、年末に提出する小難しい書類のことですよね。

 そう、その小難しい書類のことです。**本人名義の口座振替でiDeCoの
掛け金を拠出している人は、年末調整のときに一緒に申請します。**書
類の中にiDeCoの掛金額を記入する欄があります。その際に、小規模
企業共済等掛金払込証明書も添付するのは、のんびりさんと同じです。

 できるかな……。

 そんなに難しくはありませんよ。わからなければ会社の担当部署に聞
いてみてくださいね。

POINT

✔ 確定申告や年末調整に向けて「小規模企業
　共済等掛金払込証明書」はしっかり保管！

「年金」でも「一時金」でも 受け取れる

iDeCoの年金資産を受け取るのは、まだ先の話ですが、
受け取り方についても今からイメージしておきましょう

 だいぶ先の話になりますが、最後にiDeCo資産の受け取りについても触れておきましょう。

 たしか60歳以降に受け取ることができるんですよね。

 そうです。正確に言うと、**受け取り時期を60〜75歳の間で選択**することができます。

 60歳より後でもいいんですね。もらえるものは早くもらいたいと思ってしまいますが、遅く受給するメリットはあるんですか？

 受け取り時期を遅らせると、その間も非課税で運用を継続できるのがメリットです。ただ、その期間も口座管理料を負担しなければならないので、そのぶんの受給額が減るのはデメリットといえます。ただ、大切なのは**老後のどのタイミングでどれだけのお金が必要か**にもよるので、どちらがいいかは一概にはいえません。

 もし定年を機に家を買い替えたり、リフォームしたりするなど大きな資金が必要なら早めに受け取ったほうがよさそうですよね。

 あとは公的年金との兼ね合いもあります。公的年金は原則65歳からの受給となりますが、65歳で受け取らずに66歳以降75歳までの間で繰り下げて受給すると、増額した年金を受け取ることができます。**繰り下げた期間によって年金額が増額され、その増額率は一生変わりません。**

どのくらい変わるんですか？

 たとえば、70歳まで受給開始年齢を繰り下げると、受給額は42％アップ。75歳まで繰り下げると84％アップになります。

 2倍近くになるんですか！　それはお得ですね。

 もちろん、どのくらい長生きするかで損得は変わってくるので、繰り下げたほうがいいとは一概には言えませんが……。

〚 繰り下げ受給すると、年金はどれくらい増える？ 〛

増額率＝0.7％×繰り下げた月数

繰り下げ受給	受給開始年齢	増額率	
	65歳	±0	78万100円
	66歳	8.4%	84万5628円
	67歳	16.8%	91万1157円
	68歳	25.2%	97万6685円
	69歳	33.6%	104万2213円
	70歳	42.0%	110万7742円
	⋮		
	75歳	84.0%	143万5384円

 僕は得するために長生きするぞ！

 ……。話を元に戻すと、iDeCo資産の受け取り時期は、あまり引き延ばす必要もないかもしれません。それよりも**公的年金の受給開始年齢を繰り下げて、それまではiDeCoの資産を老後の資金とする**といった考え方もできます。

なるほど。iDeCoがあると、老後資金を工面するうえでの選択肢が増えるということですね。

選択肢は多いほうが、さまざまな人生のリスクに対応しやすくなりますし、老後の人生でも心に余裕をもつことができます。

老後になってから、お金のことで苦労したくないですからね。

3つの年金受給法は一長一短あり

年金の受け取り方法については覚えていますか？

「年金」「一時金」「年金と一時金の併用」 の3つです。しっかりメモしてあります。

えらい！　受給開始時期を決めたら、この3つの方法のどれで受け取るかを選びます。

ぶっちゃけ、どれがいいんですか？

うーん、どれもメリットとデメリットがあるので、それを踏まえて決めるしかないですね。

そんなに単純ではないんですね。

「年金」で受給する場合、5～20年の間で受給期間を指定して、分割で受け取ります。公的年金と同じですね。メリットとしては、**受給期間中も非課税で運用でき、資産が増える**可能性もあります。公的年金等控除が受けられ、税金が軽減されるのもメリットです。デメリットとしては、口座管理手数料がかかり続けることと、年金を受け取るごとに給付手数料がかかることです。

「一時金」の場合はどうですか？

積立資産をまとめて一括で受け取るメリットは、**退職所得控除によって受給時の税金がかなり軽減される**こと。給付手数料も1回の負担で済みます。

デメリットは？

iDeCoでの運用ができなくなることと、一度に受け取ると浪費してしまうおそれがあることです。

一度にもらえるのは魅力だけど、大きな買い物をしてしまいそう。僕には「年金と一時金の併用」が向いているかも。

これは一部を一時金、残りを年金で受け取る方式です。自分の状況に合わせて一時金と年金の割合を指定できるのはメリットといえます。デメリットとしては、年金方式と同じように手数料がかかることです。

うーん、悩ましいですね。すぐに答えがでそうにありません。

イマイチさん、まずはiDeCoを始めないことには悩んでも仕方ないですよ。まずは、iDeCoを始めるかどうかを決めなくちゃ！

POINT

✔ 資産の受け取りは、
「年金」「一時金」「年金と一時金の併用」
の3つの方法から選ぶ

✔ 「一時金」で受給して、公的年金は
繰り下げ受給するという戦略も有効！

第4章

メリットしかない！

会社員でも手続き簡単な「ふるさと納税」

自分の選んだ自治体に寄付することを通じて税制優遇を受けられる「ふるさと納税」。なんといってもいちばんの魅力は、寄付に応じてもらえる自治体からの返礼品。会社員でも気軽に、楽しく税制メリットを享受できる制度を活用しましょう。

先生、ここのコーヒーおいしいですね
いつの間にか
←合流したイケテル
でしょ〜！ コーヒーにはこだわりがあるの。ふるさと納税の返礼品もコーヒーにしてるくらいよ
わい
ふるさと納税といえば、今年はどこに寄付しようか迷い中なんですよー 前回はお肉にしたから今回はカニやホタテがいいかな！
わい
いいですねー 私も今年こそはふるさと納税始めたい
ちょっとちょっと〜！！ 僕も仲間に入れてくださいよ！！ それって僕にもできるんですか？
バム
もちろん！ 会社員でも税制優遇が受けられる制度ですよ
ふるさと納税の仕組み
寄付額の30%の返礼品など
応援したい地域
一部をふるさと納税で寄付
寄付者
納税
住んでいる自治体
税金の控除・還付
好きな自治体に寄付すると、実質2000円の自己負担で所得税と住民税の控除が受けられます
へえ〜〜〜 どのくらいお得になるんですか？

いったい何がお得？

ふるさと納税の4つのメリット

**ふるさと納税は税金の還付・控除だけでなく、返礼品がもらえる
などうれしいメリットがたくさんあります**

 MORITAKA先生、**ふるさと納税**について根本的なことを聞いてもいい
ですか？

 もちろん、聞くは一時の恥聞かぬは一生の"損"ですから。

 ふるさと納税は、僕でもできるんですか？

 ふるさと納税は自治体への寄付なので、**基本的に誰でもできます。**

 僕は東京出身で「ふるさと」がないんですが、問題ないですか？

 生まれ故郷でなくても大丈夫ですよ。もともと制度がスタートした当
初は、生まれ故郷から引っ越しをした人が故郷に税金面で貢献できる
ように設計された制度でしたが、**出身地にかぎらず現在では全国どこ
の自治体にも自由に寄付できます。** 1つだけでなく、複数の自治体を
選ぶことも可能ですよ。

 「ふるさと」がないから、自分には関係ない制度だと勝手に思い込ん
でいました……。でも、正直に言って、誰かに寄付するほど自分には
心の余裕も、財布の余裕もない、というのが本音です……。

 ずいぶん正直ですね。寄付と聞くと善意、無償といったイメージがあ
るかもしれませんが、ふるさと納税は、寄付したほうにもちゃんとメ
リットがあるんです。だからこそ、多くの人がふるさと納税に注目し
ているんですよ。

僕にとっても得する話なんですか？

 もちろん！ ふるさと納税のメリットをまとめると、おもに次の4つになります。

〖 ふるさと納税の4つのメリット 〗

① さまざまな地域に寄付ができる

出身地にかぎらず全国の自治体に寄付ができる

② 寄付金の使い道を選べる

まちづくりや復興支援など寄付金の使い道を指定できる自治体も

③ 返礼品がもらえる

応援した地域の特産品などが届く

④ 税金還付・控除が受けられる

控除上限額内であれば実質自己負担額は2000円のみ

「返礼品」が気になる……

 まず、ふるさと納税の大きなメリットは、**税金面の優遇が受けられる**ことです。

 これもお得なんですか？ 新NISAやiDeCoだけでなく、世の中には会社員でも税金で得する制度がいろいろあるんですね。

 そう、知らないと損でしょ？

寄付した額が所得税と住民税から控除される

 具体的にはどんなメリットがあるんですか？

自分の選んだ自治体に寄付（ふるさと納税）を行った場合に、**年間寄付額のうち2000円を超える部分について、所得税と住民税から控除されます。**

控除！　また出てきましたね。もう覚えましたよ。課税の対象となる金額から一定の金額を差し引くことで、結果的に税金が安くなるんですよね。

ちょっと違うかな。ふるさと納税は税額控除なんです。確定拠出年金は掛け金が所得から控除されて税金が安くなるという仕組みでしたが、**ふるさと納税は税金から直接控除される**んですよ。

えっ？　そうなんですか？　ちょっと混乱（汗）。

〖 **ふるさと納税をすると税金が控除される** 〗

たとえば、1万円を寄付したら

| ふるさと納税（寄付金）**1万円**
来年払う住民税を
今年ふるさと納税として払う | 自己負担 **2000**円 |
| | 税額控除 **8000**円
所得税・住民税から減額 |

控除外
自己負担
2000円

税額控除
8000円

所得税の控除額
（ふるさと納税額−2000円）×所得税率

住民税の控除額（基本分）
（ふるさと納税額−2000円）×10%

住民税の控除額（特例分）
住民税所得割額の2割が限度

自己負担分の2000円以外は
所得税と住民税の控除が受けられます

ものすごく簡単な例でいうと、たとえば1万円を寄付したら、**2000円は自己負担**となりますが、それ以外の**8000円は、所得税・住民税から控除（還付）**されます。

なるほど！

ふるさと納税には、もうひとつ大きな魅力があります。

もしかして、さっき盛り上がっていた「返礼品」というものですか？

寄付金を納めると、その自治体から特産品などの「お礼の品」がもらえます。 その返礼品は、だいたい寄付額の3割程度が目安です。

お礼の品までもらえるなんて、おいしいことばかりですね！

そうですよね。来年支払うべき税金を先払いするお礼に、寄付した自治体から返礼品がもらえる、そういう仕組みです。税金を払っていない専業主婦（主夫）や非課税世帯などを除けば、**所得税や住民税などの税金を納めている人なら誰でもメリットがあります。**

しかも「寄付」という形なので、誰かの役に立てるのも、気分的にうれしいです。

自分の居住地や出身地はもちろん、応援したい自治体があれば、その地域の活性化や財源の充実に貢献できます。また、本来は税金の使い道は納税者が決めることはできませんが、ふるさと納税では、**寄付金の使い道を指定することができます。** まちづくりや復興支援といった使い道を指定できる自治体もありますよ。

税金の使い道がわかると、寄付のしがいがありますね。先生、もっと詳しく教えてください！

もちろんです！　イマイチさんは興味をもってくれると思いました。

〔 ふるさと納税の仕組み 〕

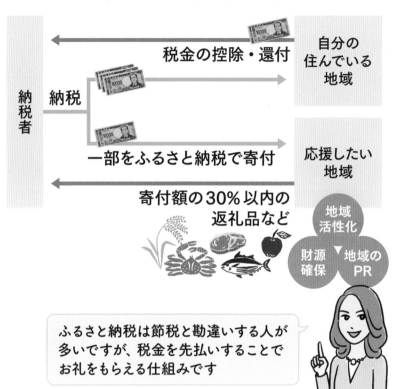

納税者

納税

税金の控除・還付

自分の
住んでいる
地域

一部をふるさと納税で寄付

応援したい
地域

寄付額の30%以内の
返礼品など

地域
活性化

財源
確保

地域の
PR

> ふるさと納税は節税と勘違いする人が
> 多いですが、税金を先払いすることで
> お礼をもらえる仕組みです

POINT

✔ ふるさと納税はメリットばかり！
利用しない手はない

✔ 税制優遇が受けられるうえに、返礼品も
もらえる

ふるさと納税の仕組み

ふるさと納税はいつでも気軽に始められるのが魅力ですが、
最低限の仕組みやスケジュールは覚えておきましょう

 先生、私も「ふるさと納税」を始めてみたいです。

 のんびりさんのようなフリーランスや自営業の人にとっても、ふるさと納税は税制優遇がある制度ですから、おすすめですよ。

 お得なのはわかっていたんですが、ズルズルと先延ばしにしてしまって……。

 それは、のんびりさんの悪いクセですね。思い立ったが吉日、すぐに始めましょう。

 はい！　でも、ふるさと納税にも始めるタイミングとかあるんじゃないですか？

 基本的にタイミングは気にしなく大丈夫。**ふるさと納税は1月1日～12月31日の間で、いつでもできます**から。

 一年中OKということですか？

 翌年から税制優遇を受けたいなら、前年の12月31日までに申し込む必要はありますが、始めること自体は、今すぐにでもできますよ。

 それは便利ですね。

 たとえば、今日ふるさと納税をしたとするとしましょう。のんびりさんは自営業ですから、来年の確定申告をしたあとに今年分の所得税が

還付され、銀行口座に入金されます。そして、来年6月から引かれる住民税は、ふるさと納税分が12カ月に分割されて軽減されます。なので、住民税の税制優遇効果を実感できるのは、来年の6月以降となります。

〔 ふるさと納税と税金まわりのスケジュール 〕

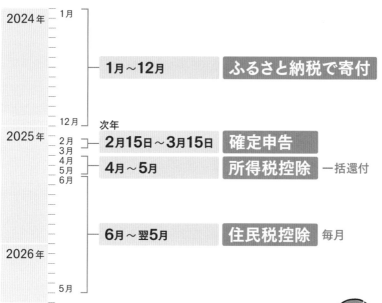

寄付をした翌年6月の住民税から
「寄付金−所得税控除−2000円」分の
金額が安くなり、結果的に手取りが増えます

 ふるさと納税を始めた年の翌年から、税金のメリットを得られる、ということですね。

 すぐにお金が戻ってくるわけではないので、勘違いしないでくださいね。

返礼品の発送時期はそれぞれ異なる

 返礼品はいつ届きますか？

 自治体や返礼品の種類にもよります。早ければ2週間程度、時間のかかるものだと半年くらいかかるものもあるようです。フルーツや野菜のように収穫のシーズンにあわせて発送される返礼品もあります。発送時期については、申し込む際の返礼品の詳細ページに記載されている場合があるので、参考にしてください。

 私、りんごが大好物なんですが、今は10月なので申し込むにはちょうどいいかも。

 一年を通していつでも申し込めますから、まずはお試しで1つの自治体に寄付してみてもいいかもしれません。

 はい、りんごが名産の青森の自治体が狙い目ですね！

POINT

- ✔ ふるさと納税はいつでも申し込める！まずはお試しで寄付してみよう
- ✔ 税制のメリットを得られるのは寄付した年の翌年から！

ふるさと納税サイトを選ぶ

「ふるさと納税を始めよう！」と思ったら、まずはインターネットにアクセス。専用サイトを選ぶポイントとは？

 先生、ふるさと納税はどこで申し込めばいいんですか？　寄付をしたい自治体で手続きをするんですか？

 いえいえ、もっと簡単な方法で始められます。便利なのは「**ふるさと納税サイト**」です。検索すると、たくさんのサイトが表示されるはずです。試しにイマイチさんのスマホで「ふるさと納税」と入力して検索してみてください。

 わかりました。えーっと……うわっ！　たくさん出てきました。どれもふるさと納税サイトみたいですが、こんなにあると迷ってしまいそうです……。

 それぞれ特徴はありますが、ひとつの目安となるのが、掲載自治体数です。どのサイトを使っても節税額は変わらないので、**返礼品のバリエーションの豊富さで選ぶ**のもひとつの方法です。

 寄付できる自治体が多いほど、バリエーションも広がりそうですね。

ポイント還元されるサイトもある

 掲載自治体数でいえば、老舗サイトである「ふるさとチョイス」がトップで、利用者数もいちばん。そのほか、「楽天ふるさと納税」「さとふる」なども掲載自治体数が多いサイトです。

 やっぱり掲載自治体数が多いほうが無難ですか？

そうとも言えますけど、さらにお得にふるさと納税をするなら、**「ポイント還元」に注目する方法**もあります。

寄付すると、ポイントがもらえるんですか？

たとえば、「楽天ふるさと納税」では、楽天ユーザーは寄付金額に応じて楽天ポイントが還元されます。そのほか、「ふるなび」というサイトではふるなびコインが、「ふるさとプレミアム」というサイトではアマゾンギフトカードが還元されます。

〚 おもな「ふるさと納税」サイト 〛

サイト名	掲載自治体数	特徴
楽天ふるさと納税	1601	・楽天ユーザーは寄付金額に応じて1%の楽天ポイント付与。キャンペーンなどを活用すれば最大30%ポイント還元されるケースも ・楽天会員は新規登録不要
ふるさとチョイス	1654	・利用者数、掲載自治体数ナンバーワン ・初めての寄付で寄付額の9%のマイル還元
ふるなび	1160	・最大20%のふるなびコイン還元 ・家電の返礼品が充実
ふるさとプレミアム	245	・最大13%相当のAmazonギフトカード還元
さとふる	1265	・オリジナルの大容量返礼品が充実 ・最大12%のさとふるマイポイント還元

※2023年8月現在。ポイント還元等のキャンペーンは変更になることがあります

よく使うサービスのポイントが貯まるサイトを選べば、さらにお得ということですね！

その通り。**うまくいけば自己負担分の2000円をポイントでカバーできるかもしれません。**

POINT

> ✔ ふるさと納税サイトは「ポイント還元」に
> 注目して二重のメリットを得よう

いくらまで寄付できる？

寄付額の上限は
年収や家族構成で異なる

あくまでも納税制度なので、寄付できる金額には限度があります。
自分がいくらまでできるかシミュレーションしましょう

 ふるさと納税みたいにお得な制度はどんどん使わないともったいない
ですね。返礼品も魅力的だし、たくさん寄付しちゃおうかな。

 イマイチさん、言い忘れていたことがありました。**税金が控除される
寄付の金額には上限があります。**

 えっ？　いくらまでですか？

 じつは上限は年収や家族構成によって異なります。イマイチさんの年
収はいくらですか？

 えっと去年は……って、イケテル先輩や姉の前で言えるわけないじゃ
ないですか。

 ですよね。では、仮にイマイチさんが年収500万円、独身だとしま
しょう。

 そんなにもらっていないですけど……。

 えっ？　何か言いました？

 いえ、そのまま続けてください。

 年収500万円で独身の場合、**6万1000円が上限**になります。

 独身でない場合は、金額も変わるんですか？

同じ年収500万円でも、配偶者に収入がない夫婦や、夫婦共働きで子ども（高校生）が1人いる場合は4万9000円。夫婦共働きで、子ども（大学生）が1人いる場合は4万4000円までになります。

 けっこう変わるんですね。

 同じ夫婦でも共働きか、片方が専業主婦（主夫）かでも変わりますし、子どもの有無でも異なります。基本的には**年収が大きくなるほど、上限額も引き上げられます**。

〖 全額控除される年間上限額の目安 〗

本人の給与収入	独身または共働き	夫婦	共働き＋子（高校生）1人	共働き＋子（大学生）1人
300万円	28,000	19,000	19,000	15,000
400万円	42,000	33,000	33,000	29,000
500万円	61,000	49,000	49,000	44,000
600万円	77,000	69,000	69,000	66,000
700万円	108,000	86,000	86,000	83,000
800万円	129,000	120,000	120,000	116,000
900万円	152,000	143,000	141,000	138,000
1000万円	180,000	171,000	166,000	163,000

■「共働き」は、ふるさと納税を行う本人が配偶者（特別）控除の適用を受けていないケースを指します。
　（配偶者の給与収入が201万円超の場合）
■「夫婦」は、ふるさと納税を行う人の配偶者に収入がないケースを指します。
■「高校生」は「16歳から18歳の扶養親族」を、「大学生」は「19歳から22歳の特定扶養親族」を指します。
■中学生以下の子供は（控除額に影響がないため）、計算に入れる必要はありません。

出典：総務省ふるさと納税ポータルサイト

中学生以下の子どもは計算に入れる必要はないので、たとえば「夫婦＋子1人（小学生）」は「夫婦」と同額になります

もし上限額を超えて寄付をした場合には、どうなるんですか？

 それを**超えた金額は控除の対象にならない**ので、返礼品を選ぶ前に、自分の上限額を確認することが大切です。

上限額はどうやって計算する？

 自分の上限額は、どうやって計算すればいいんですか？　計算は苦手なんですが……。

 安心してください。ふるさと納税サイトには、寄付金が全額控除される上限額をシミュレーションできる機能がついています。**年収や配偶者の有無などの条件を入力すると、一瞬で試算してくれます。**総務省のふるさと納税ポータルサイト内でもシミュレーションできますよ。

 試しにサイトでシミュレーションしてみてもいいですか？

 もちろん。

 あっ、意外とたくさん寄付できますね。なんだか、ワクワクしてきました！

POINT

- ✔ 給与収入や家族構成によって全額控除される上限が決まっている
- ✔ 寄付する前に自分の上限額をチェックすべし！

SECTION

5

返礼品はどう選ぶ？

計画的に実用的なものを選ぶのがコツ

ふるさと納税のいちばんの楽しみは返礼品選び。もちろん
好きなものを選んでもいいですが、注意点もあります

 上限額がわかったら、寄付する自治体と返礼品を決めましょう。

 先生、横からすみません。返礼品選びについて相談があるのですが……。

 イケテルさんはすでに夫婦でふるさと納税をしているんでしたよね。

 共働き夫婦は年収の合算ができないので、それぞれ「別名義」でふるさと納税を活用しています。

 ちなみに、ふるさと納税の「共働き」と「夫婦」は、どこで線引きされるかご存じですか？

 いえ、そこまでくわしくは理解していないです。

 配偶者の収入が201万円以下の場合は、配偶者（特別）控除が適用されるので、「共働き」にはなりません。**配偶者が201万円以下の年収の場合は、「夫婦」として申請する**ことになるんです。ところで、相談とはどんなことですか？

返礼品は計画的に選ぼう

 これまで、私も妻もそれぞれ好きなものを返礼品として選んできたんですが、以前、私が**受け取った温泉旅館の宿泊券の利用期限が過ぎていた**ことが妻にバレてしまいまして……。

あらあら……。

 その結果、これからは夫婦で相談して返礼品を決めようということになり、何かアドバイスがもらえたらと思っています。正直、返礼品の種類がたくさんありすぎて、何を選んだらいいか迷ってしまいます。

 共働き夫婦の場合、寄付金の上限もそれなりに大きくなりますから、返礼品も計画的に考えることが大切です。……と偉そうに言いましたが、実は私もこれまで返礼品では失敗しているんです（笑）。

 先生もですか？

 ふるさと納税を始めた頃、あまり考えずにお肉を選んだのですが、大量に届いてしまって、気づいたら冷凍庫の中がお肉でいっぱいになっていて……。一人暮らしで肉をたくさん食べる機会はあまりないから、全部食べ切るのに苦労しました。

 わかります。僕もめったに食べないカニを選んだのですが、調理が面倒で扱いに困った経験があります。

 食品が同時期に一気に届いて冷蔵庫がいっぱいになって、おいしく食べられる時機を逃してしまうといった失敗談もよく聞きます。もしフルーツや魚介類のように旬の時期がある食材を選ぶなら、**到着時期を把握して計画的に頼んだほうがいい**ですね。

 どうしても贅沢な食材に目がいってしまいます……。そういえば、私と妻が2人ともシャインマスカットを返礼品に選んだため同時期に届いて、ありがたみが薄れてしまったこともあります（笑）。

確実に消費できるものが狙い目

 意外とみなさん失敗しているんですよね。もちろん、人気の高級食材を選んでもいいですが、一方で**「実用的かどうか」**という視点をもっておくと返礼品での失敗を減らすことができます。

お米とかですか？

 そうです。確実に消費できるもの。私の場合は、コーヒーが大好きでよく家でも飲むんですが、ある自治体のコーヒーがおいしくてリピーターになっています。有機栽培で、しかもフェアトレードなので二重で貢献できているような気分になっています。

 必ず消費する食材や日用品なら、家計にもやさしくて妻も納得してくれそうです。寄付して気分もよくなるっていいですね！

 そうなんですよ。今はどんどん物価が上がっていますから、**定番品はふるさと納税の返礼品でまかなう**、という発想も家計を守るうえでは大切ですね。

 たしかに。子どもが大きくなってくると、いま以上にお金がかかりますから。

 お子さんがいるご家庭では、子ども用品やおもちゃ、教育に関するアイテムも選択肢に入れてもいいかもしれません。

 子どものためのものならムダになりにくいですね。帰って妻と相談してみます。

POINT

- ✓ 返礼品は高級食材や贅沢品が正解とはかぎらない！
- ✓ 家計のためにも確実に消費できる実用品を選ぼう

6 確定申告とワンストップ特例

会社員も確定申告が必要？

**ふるさと納税を利用するには、基本的に確定申告が必要です。
しかし、会社員の場合、それが不要になる制度があります**

 先生、ちょっと気になっていることがあるんですが……。

 なんでも聞いてください。

 ふるさと納税のような税制優遇の制度は、やはり確定申告が必要になるんでしょうか？　さっき姉と話しているときに「確定申告がなんとか……」という話をしていたのが気になっていまして。

 もちろん、ふるさと納税をするだけでは税金は戻ってこないので、**基本的には確定申告が必要**となります。

 そうなんですね……（汗）。

〘 **ふるさと納税の手続き** 〙

寄付者

1 ふるさと納税（寄付） → 寄付先の自治体

2 寄付金受領証明書 ←

3 確定申告 → 税務署

4 本年度分の所得税から還付 ←

5 ↓

6 翌年度分の住民税から控除 ← 住んでいる自治体

税制のメリットを受けるには、寄付金受領証明書が必要なので、なくさないでくださいね

一応、確定申告の流れをお話ししておくと、寄付の申し込みが済むと、自治体から返礼品とは別に、「**寄付金受領証明書**」という書類が郵送されてきます。これは寄付したことを証明する書類です。この書類がないと、翌年の確定申告で税負担の軽減を受けられないので、大切に保管しておく必要があります。

確定申告が不要になる「特例」とは？

確定申告なんてやったことないですが、大丈夫ですかね？

大丈夫！　基本的には確定申告が必要なのですが、イマイチさんのような給与所得者には条件さえクリアすれば「**ワンストップ特例**」という制度を使うことができるんですよ。

わ、わんすとっぷ？

寄付先が5カ所以内であれば、確定申告をしなくても税金が戻るという便利な制度です。

〚 確定申告が必要なケースと不要なケース 〛

確定申告が
必要な人

個人事業主 自営業・フリーランスなど
または
ふるさと納税自治体が6団体以上

確定申告が
不要な人

給与所得者で
ふるさと納税自治体が5団体以内
（ワンストップ特例制度を利用した場合）

僕は給与所得者なので納税先が5つまでなら
確定申告が不要なんですね

5自治体までなら僕も使えるんですね。

 6自治体以上に寄付する場合は会社員でも確定申告が必要になります。
なお、1つの自治体に複数回寄付した場合も1カ所と数えられます。確定申告がめんどうなら、5カ所までにしておいたほうがいいでしょう。

 絶対に5カ所までにします。固く誓います。

 イマイチさんは、そのほうがいいかもしれませんね（笑）。さらに付け加えると、医療費控除をするといった理由で確定申告をする人や、所得税から多額の控除が受けることが予想される住宅ローン控除を利用する人は、特例制度の対象外となるので、注意してください。

〚 **ワンストップ特例制度とは？** 〛

ふるさと納税（寄付）
ワンストップ特例申請書の提出 ➡

寄付者　　　　　　　　　　　　　　　　　寄付先の
　　　　　　　　　　　　　　　　　　　　自治体

翌年度分の住民税から控除　　　　　　住んでいる
⬅　　　　　　　　　　　　　　　　　　自治体

ワンストップ特例制度の申請条件

2つの条件に
当てはまる人
が対象です

✓ もともと確定申告や住民税申告を
する必要のない給与所得者であること

✓ 年間寄付先が5自治体以内の人

特例を活用する場合は、寄付した自治体に
申請書を提出する必要があります

ワンストップ特例制度を使う場合は何か手続きをする必要はありますか？　放っておいても大丈夫ならラクなんですけど。

確定申告が不要といっても、何もしなくていいわけではありません。**寄付をした自治体に「寄附金税額控除に関わる申告特例申請書」という書類を期限までに提出しなければ、特例制度は受けられません。**

めんどくさそう……。

住所や氏名、寄付金額などを記入すればいいので、それほど難しくはありません。**申請書は総務省や各地自体のウェブサイトにアップされています。**一度やれば、毎年のことなので慣れますよ。それに、ワンストップ特例制度の申請を完全オンラインで行えるサービスもあります。

得するためですからね。どんな苦難も乗り越えてみせます！

おおげさな……。でも、小さな積み重ねが大切ですからね。よかった、よかった。

POINT

✔ ふるさと納税で税制優遇を受けるには
　確定申告が必要になる

✔ 会社員なら確定申告が不要になる「特例」
　を活用しよう

おつかれさまでした。
三大税制優遇制度はここまで。
最後に大事なお話をするので
もう少し頑張って！

5

第 5 章

「夢のキャッシュフロー」実現のために

もっとお金のことを
知ろう

新NISA、iDeCo（企業型DC）、ふるさと納税といった三大税
制優遇制度の活用は、あくまでスタートにすぎません。将来の
ライフイベントや老後の生活に備えた積み立てや税制優遇制度
の活用は、これから何十年も続くからです。税制優遇制度をきっ
かけに、投資や税制などお金のことをもっと知り、不安のない
未来を手に入れましょう。

税制優遇の活用や投資を始めると何が変わる?

お金や税金のことを知れば 意識が変わる

投資や税金のことを学ぶと起きる変化があります。
それは長い人生で絶対にプラスになる「良い変化」です

 この6カ月でイマイチさんも、お金まわりのことでだいぶ変化が起きたようですね。

 はい、おかげさまで! まずお金の使い方に対する意識が変わりました。先生のマネーレッスンを受けるまでは、これまで毎月いくら使っていたかも把握していなかったのですが、1カ月の家計簿をつけてみたら、ムダ遣いがあまりに多いことに気づきました。

 たとえば、どんなムダ遣いがありましたか?

 コンビニに行くたびに、お酒やおやつをついで買いしていたり、使っていないサブスクの契約をそのままにしていたり……。結局、月の収入のほとんどを使い切っていました。

 だから、お金が貯まらなかったんですね。

 はい……何も考えずに、お金を使っていたことを再認識させられました。

 それで、どうされたんですか?

 ムダ遣いをしないよう意識して生活するようにしたら、なんと月6万円も収支がプラスになりました! 自分でも感動してしまいました。

 意識を変えるだけで、ずいぶん変わりますよね。

はい！ 6万円のうち、2万円は結婚のための資金として貯金をして、残りの4万円を積立投資に回すことにしました。

 新NISAで積立を始めたんですよね？

 毎月3万円を積立することにしました。半分はインデックス型の投資信託、もう半分はアクティブ型の投資信託という配分です。

 イマイチさんのような独身の20〜30代は、ある程度リスクをとるのはいいと思います。

 そして残りの1万円はiDeCoに投資することにしました。こちらは長期投資という前提なので、バランス型の投資信託です。

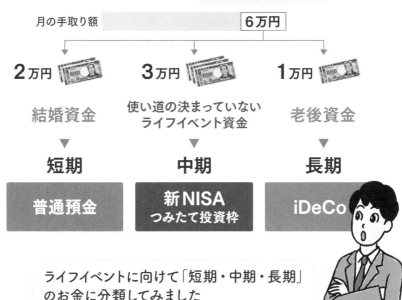

〖 **イマイチさんの投資戦略** 〗

家計の見直しの結果

| 月の手取り額 | **6万円** |

2万円 → **3万円** → **1万円**

結婚資金	使い道の決まっていない ライフイベント資金	老後資金
▼	▼	▼
短期	**中期**	**長期**
普通預金	**新NISA** **つみたて投資枠**	**iDeCo**

ライフイベントに向けて「短期・中期・長期」
のお金に分類してみました

いいと思いますよ。ところで、会社で加入している企業型DCについては確認しましたか？

担当部署に問い合わせたところ、やはり定期預金と保険などで運用する「元本保証型」を選んでいました。少なくない額が貯まっていたのはうれしかったのですが、一方で「もったいなかったな」という気分にもなりました。

元本保証型は減ることはないけれど、運用で増えることもほぼありませんからね。

なので、ある程度リターンが見込めるバランス型の投資信託で運用するよう配分を変更しました。

たしかに、これまでもったいなかったかもしれないけれど、今気づいただけでもラッキーだと思いましょう。ところで、イケテルさんとのんびりさんは、どうされていますか？

イケテル先輩は奥さんとの話し合いの結果、将来マイホームを購入することを決めたそうです。それに合わせて、新NISAの毎月の積立額を増やすと同時に、海外株式などで運用する投資信託の比率を増やして、これまでよりもアクティブに資産を増やすと張り切っていました。

ライフイベントなどの具体的な目標があると、ムダ遣いも減って資産も増えやすくなりますからね。

姉はすでにiDeCoに申し込んで、これまで貯めてきた預金を投資に回しているそうです。毎月上限の6万8000円を積み立てているので、「今度の確定申告が楽しみ」と言っていました。

自営業の人は、iDeCoの税制メリットは大きいですから、とてもいい判断だと思います。

ふるさと納税にもハマっているようで、最近はおすすめの返礼品をい

〖 イケテルさんの投資戦略 〗

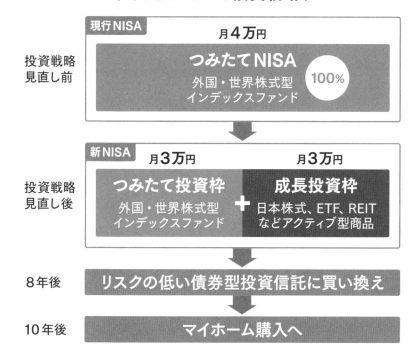

投資戦略 見直し前	**現行NISA** 月**4**万円 **つみたてNISA** 外国・世界株式型 インデックスファンド **100%**	
投資戦略 見直し後	**新NISA** 月**3**万円 **つみたて投資枠** 外国・世界株式型 インデックスファンド	月**3**万円 **成長投資枠** 日本株式、ETF、REIT などアクティブ型商品
8年後	**リスクの低い債券型投資信託に買い換え**	
10年後	**マイホーム購入へ**	

ろいろ教えてくれます。頻繁に連絡が来るので、ちょっと面倒ですけど……。

姉弟で共通の話題ができてよかったじゃないですか。

株価が下がると不安に……

みなさん順調のようですが、相談したいことはありますか？

はい。お金や資産形成に興味をもつようになったことで、人生のステージがひとつ上がったような感覚があります。これまでよりも経済や社会のことにも関心をもつようになりましたし。

実際に、毎月積立をするのとしないのとでは将来的に大きな差が生ま

れるので、その感覚は間違っていませんよ。

ただ、積立投資を始めたことで、株価の値動きが気になるようになってしまったのが、ちょっとした悩みです。株価が下がると、心配になってしまって……。

その気持ちはよくわかります。私も投資を始めた頃は、毎日のように値動きをチェックしていましたから。人間なら「損をしたくない」という不安に襲われるのは当然ですよ。

実際に大きく値下がりしたら、ドキドキして仕事に手がつかないかも……。どうしたらいいんですか？

対策は……**ほったらかしにすること！**

えっ？　それでいいんですか？

ドルコスト平均法を思い出してください。**中長期の運用が前提の投資は、とにかく淡々と長く積み立てることで結果がついてきます。**

もし一時的に損が出たからといって、売却してしまったらドルコスト平均法のメリットを得られなくなってしまうということですよね。

そうです。だから、目先の損益にとらわれずに、ドンと構えていること。まったく無関心になってもダメですが、**値動きのチェックは半年に一度くらいすれば十分**です。

果報は寝て待て、ということですね。それを聞いて安心しました。

POINT

✔ 積立投資は中長期の運用が前提なので、
目先の利益や株価の動きは無視してOK！

SECTION
2

運用は投資信託だけでいい?

「外貨建て保険」など選択肢は ほかにもある

新NISAやiDeCoを通じて投資に慣れてきたら、少し視野を 広げてみましょう。金融商品は投資信託だけではありません

 投資に興味をもつようになって、ほかに変化はありましたか?

 そうですね……投資信託以外にも、金融商品がたくさんある、ということにびっくりしています。FX(外国為替証拠金取引)とか暗号資産とか、金取引とか……高リターンを謳い文句にした情報や広告にも目が行くようになりました。

 なかには元本割れするリスクの高い金融商品やギャンブルに近い性格の商品もあるので注意が必要です。イマイチさんの場合、あくまでも将来に備えるのが目的なので、許容できるリスクを考えて運用することが大切です。

 それなら、やっぱり投資信託以外には目を向けなくても大丈夫ですね。

 うーん、そうとも言い切れないかな。ここでは新NISAやiDeCoの話がメインだったので、投資信託の話ばかりしましたが、金融商品はそれだけではありません。

 ほかにもおすすめの金融商品があるんですか?

 どれくらいリスクをとれるかにもよりますが、たとえば、**20代独身で、ある程度高いリスクをとれるなら、外貨建て保険などの選択肢もあります**。払い込んだ保険料を米ドルや豪ドルといったような外貨で運用する保険です。保険金や解約払戻金は外貨、または円で受け取ることができます。

どんなメリットがあるんですか？

 ひとつは、当然「保険」なので万一のときは保証を得られること。もうひとつは高利回りです。日本はゼロ金利政策がまだ続いているので、預金や保険で資産を増やすことは難しいですが、アメリカなど海外では金利が上昇する傾向にあります。たとえば、**米ドル建ての保険は日本よりも高い金利で運用できるので、資産を大きく増やせる可能性があります。**今なら10年、20年固定の利回りが4％の商品もあるほど。日本で預金しておくよりも、ずっといいですよね。

 そんなお得な商品もあるんですね。

 もちろん、誰にでもすすめられる商品ではないですし、外貨建ての商品は為替変動によるリスクもあります。保険金や解約返戻金は受け取るタイミングによって為替相場の影響を受けるため、保険契約時よりも円高になっている場合、払込保険料の総額を下回る恐れもあります。

 それは怖いかも……。

 ここで伝えたかったのは、**金融商品は投資信託だけではない**、ということ。イマイチさんのような初心者には、税制メリットのある投資信託を長期で積み立てるのは王道だといえますが、投資に慣れて興味をもつようになったら、アンテナを張っておくといいですよ。

 お得な情報は大好物なので、とても興味あります。

 長い人生ですから、金融に関する知識や情報に興味をもつことは、とても大切なことだと思います。

POINT

> ✔ **金融商品は投資信託だけではない！**
> **常にアンテナを張っておこう**

三大税制優遇制度だけではない！

「保険料控除」も活用しよう

税金が給与から天引きされる会社員は、税金に無頓着になりがちですが、会社員でも使える税制優遇制度はまだあります

 先生のマネーレッスンを受けて気づいたのは、会社員でも税制優遇メリットを受けられる、ということです。これまで会社員には関係ないものだと思っていました。

 大事なことに気づいてもらえてうれしいです。ここまで新NISA、iDeCo、ふるさと納税を「三大税制優遇制度」として紹介しましたが、会社員でも活用できる税制メリットは、ほかにもあるんですよ。

 そうなんですか？　もったいぶらずに教えてください！

 そんなつもりはないんですけど……。「保険料控除」についてはご存じですか？

 ちょっとピンとこないんですが、「控除」の話は大好きです！

 イマイチさんは生命保険などの保険に加入していますか？

 はい、何年か前に友人に紹介されて生命保険に入りました。たしか毎月1万円くらい引かれています。

 それなら年末調整で保険料控除の手続きはしていますよね？

 はい、してますけど……。

 年末調整の仕組みを本当に理解しているかしら？

そう言われると、自信ないです。経理の担当者に言われるがまま手続きをしているので。

では、復習のつもりで聞いてくださいね。会社員の場合、毎月の給料から所得税が天引きされています。これを「源泉徴収」といいますが、**1年間の税額の合計を正確に計算し直すために行うのが、12月の年末調整です。**

年末に書類を会社に提出しているけど、小難しいんですよね。

その書類のことですよ。**年末調整の手続きをすると、本来の税額より払いすぎていた人はその分が還付されます。**

たしかに、お金が戻ってきています。得した気分でちょっとうれしいです。

「得した」のではなく、払い過ぎていた税金が戻ってきただけなんですけどね。

〔 年末調整の仕組み 〕

本来納めなければならない税額より

少なかった場合	多かった場合

正しく納めるため徴収　　**還付金あり！
払いすぎた分が戻ってくる**

徴収 ▶ 税務署　　税務署 ▶ 還付

年末調整で概算で支払っていた
所得税の差額を調整します

そっか……。それで年末調整と生命保険は、どんな関係があるんですか？

 生命保険料などの控除がある人は、課税所得が小さくなり、年末調整によって税金が戻ってきます。

 全然知らなかったです……。

〚 保険料控除の仕組み 〛

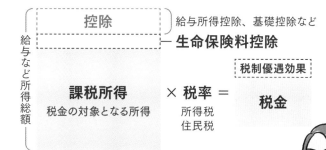

生命保険料控除制度を利用しない場合

控除 — 給与所得控除、基礎控除など

給与など所得総額

課税所得 × **税率** = **税金**
税金の対象となる所得　　所得税　　　住民税

生命保険料控除制度を利用した場合

控除 — 給与所得控除、基礎控除など
― **生命保険料控除**

給与など所得総額

税制優遇効果

課税所得 × **税率** = **税金**
税金の対象となる所得　　所得税　　　住民税

 保険料控除で課税所得を小さくすることで、税金が少なくなります

年末調整をするときに、扶養控除申告書と一緒に生命保険会社から送られてくる「生命保険料控除証明書」を添付しているはずですよ。

そういえば、経理の担当者から証明書の有無を確認された記憶がありますが……めんどくさくてそのままにしてしまいました。

あらあら。ということは、余計な税金を払っていることになりますね。

なんということだ……。

過去のことは仕方がありません。今年の年末調整は、しっかり提出してくださいね。

忘れてはいけない「3つの保険料控除」

もしかして、ほかにも年末調整で戻ってくる税金があるんですか？

まず保険料控除には、**一般生命保険料、介護医療保険料、個人年金保険料の3つ**があります。これらを払っている人は、年末調整で税金が戻ってきます。

なるほど。

あとは、住宅ローンを借り入れて住宅の新築・取得、増改築をした場合は「住宅ローン控除」を利用できます。年末のローン残高の0.7％を所得税（一部、翌年の住民税）から最大13年間控除する制度です。最初の年は確定申告が必要ですが、2年目以降は勤務先の年末調整だけで住宅ローン控除が可能になります。

知らないと損してしまう制度がたくさんあるんですね。

税金については知っているかどうかで、損する人と得する人に分けられてしまいます。日頃から最低限の税制に関する情報はアップデートするようにしましょう。

〔 年末調整 3つの保険料控除 〕

一般の生命保険料控除 　例 終身保険、定期保険、養老保険

介護保険料控除 　例 医療保険、がん保険、介護保険

個人年金保険料控除 　例 個人年金保険

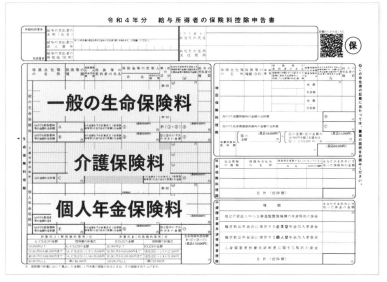

年末調整で提出する「保険料控除申告書」には3つの保険料を記入する欄があるので、次回、確認してみてください

「個人年金保険料控除」を受けた場合の 税金の軽減額の例

給与所得者である世帯主が、個人年金保険料を年間8万円以上支払った場合の軽減額の目安（［夫婦］はいずれか1人が年収を得ているケース）

家族構成	年間収入金額 （給与収入）	軽減額合計 ①＋②	所得税4万円、住民税2.8万円の 生命保険料控除を受けた場合	
			①所得税軽減額	②住民税軽減額
単身世帯	400万円	4,800円	2,000円	2,800円
	600万円	6,900円	4,100円	2,800円
	700万円	11,000円	8,200円	2,800円
夫婦のみ	600万円	6,900円	4,100円	2,800円
	800万円	11,000円	8,200円	2,800円
	1,000万円	11,000円	8,200円	2,800円
夫婦と子2人 大学生と16歳以上 の高校生の場合	600万円	4,800円	2,000円	2,800円
	800万円	6,900円	4,100円	2,800円
	1,000万円	11,000円	8,200円	2,800円

出典：公益財団法人生命保険文化センター「生命保険と税金の知識（2021年2月改訂版）」

約1万円軽減されることも。面倒くさく感じるかもしれませんが、申告すれば確実に税制優遇効果を得られます

POINT

✔ 会社員なら年末調整で確実に税金を取り戻そう

✔ 3つの保険料控除や住宅ローン控除は必ずチェック！

4 「夢のキャッシュフロー」で明るい未来を実現しよう

将来の目的地はどこ？

お金のことを学ぶことは、人生と向き合うことでもあります。
将来、どんな人生を送りたいか真剣に考えてみましょう

イマイチさん、このマネーレッスンを通じて、お金について学んでみてどうでしたか？

本当に僕はお金や税金に対して無知だったということに気づかされました。あとは、将来に対する漠然とした不安が解消された気がします。

どういうことですか？

将来、お金で困らないためにはこのままではいけない、ということはなんとなくわかっていましたが、資産運用など長いスパンでお金のことを考えることで、今すべきことが見えたといいますか……。これまでのお金に関するモヤモヤが少し晴れた気分です！

最初に「現在地を知ることが大事」という話をしたことを覚えていますか？　**自分の「現在地」を知ることで、将来の「目的地」にも目が向いたからこそ、自分がすべきことが見えてきたのだと思いますよ。**

あれから彼女との結婚もこれまで以上に意識するようになって、彼女とは将来のことについても話をする機会が増えました。

ということは……。

近い将来、プロポーズしようと思っています。

わーっ、それはおめでたい!!　うまくいくよう応援していますね！

第5章　「夢のキャッシュフロー」実現のために　もっとお金のことを知ろう

ありがとうございます！

 結婚を視野に入れているなら、もうひとつアドバイスがあります。

 なんでしょうか？

 将来のライフプランに沿ったキャッシュフロー表をつくることです。ライフプランを実現するにはどれだけのお金がかかるのか、そしてそれを実現するための資産はどうなっているのか、つまり家計の将来にわたる収支を「見える化」するのです。私はこのキャッシュフロー表を「夢のキャッシュフロー」と呼んでいます。自分の理想とする人生設計を実現するためのツールです。

〚 夢のキャッシュフローを作成しよう 〛

将来の家族構成、収入、支出、ライフイベントなどを数字に落とし込むと、人生設計を立てやすくなります

 もし結婚することになれば、結婚式の費用や新婚旅行、引っ越しの費用など、いろいろお金が必要になるので、お金の計画を立てるのは大切ですね。

結婚だけでなく、長い人生ではさまざまなライフイベントがあります。子どもが産まれれば子育てや教育にもお金がかかりますし、マイホームやクルマの購入、住宅のリフォーム、旅行なども金銭的には大きなイベントです。

 今から計画的に考えておかないと、あとで困りそうですね。

お金の「現実」を知ればすべきことが見える

 しばらく先のことなので想像がつかないかもしれませんが、老後にどういう生活を送りたいのかについては、とても大切なことです。

 贅沢な暮らしがしたいわけではないですが、お金に常に困っているような老後は避けたいです。

 夢のキャッシュフロー表を作成すると、将来、どれだけお金がかかり、場合によっては資産が足りなくなる、という現実も見えてきます。子どもの教育費がかかる時期や、会社を辞めたあとの老後などは、特にお金がかかりますから。

 「老後破綻」という恐ろしい言葉もよく聞きますよね。

 でも、多くの人は漠然と不安を感じているだけで、何も具体的な行動を起こしていないのが現実です。だからこそ、キャッシュフロー表を作成して現実を見ることが大切です。

 将来のお金が足りないという現実がわかれば、今から対策もできますよね。積立投資を始めるとか。

 そういうことです。本当は新NISAやiDeCoなどで積立投資を始める前にキャッシュフロー表をつくって現実を把握してもらったほうがいいのですが、イマイチさんにはあえて先に税制優遇制度の話をしました。

 えっ、なんでですか？

イマイチさんにいきなり老後の話をしても響かないと思って。「お得ですよ！」という話なら真剣に聞いてくれるでしょ？

 たしかに。先生の判断は正しいと思います（笑）。でも、今の僕なら将来設計をすることの大切さも理解できます。

 それならよかった。

 実は、僕にも夢があるんです。できれば老後は自然豊かな田舎に家を建てて、家庭菜園などをしながらゆっくり暮らしたいと思っています。彼女にはまだ話していませんけど。

 すてきな夢ですね。それを実現するためにも彼女と一緒に夢のキャッシュフロー表を作成することをおすすめします。

 はい！　でも自分でつくるには、ちょっと難しそうです……。

 もちろん、未来のことはわからないので、ざっくりとしたプランや数字でもいいんですよ。まずは現状と目的地を知ることに意味がありますから。どうしても、ひとりでは難しいという場合は、ファイナンシャルプランナーなどお金の専門家に頼るという方法もありますよ。

 僕にはMORITAKA先生がついているから大丈夫ですね。

 ふふ、長いお付き合いになりそうですね。末永くよろしくね。

POINT

- ✓ 家計の将来の収支（＝夢のキャッシュフロー表）を作成しよう
- ✓ 「現在地」と「目的地」が見えれば具体的な行動を起こせる！

おわりに

　皆様、最後まで本書を読んでくださり、ありがとうございます。税制優遇制度のメリットは理解していただけましたでしょうか？

　私が税制優遇制度に絞って本を書かせていただいた理由は、毎日お金のご相談にいらっしゃる方の多くがNISAやiDeCoについてのご質問だったからです。また、その多くの方が制度の内容を理解していないままに毎日を仕事や家事に追われて過ごされているということに気がついたからです。

　ご質問内容は実はとてもシンプル。「NISAとiDeCo、どちらをやったほうがいいですか？」「会社でDCをやっていると思いますが、どの銘柄を選べばいいですか？」「iDeCoってどんなメリットがあるんですか？」といったものです。私たちがご質問に答えて、不安を解決できればすぐ理解されるような内容ばかりです。

　いまやインターネットでも情報を取りにいくことは容易にできますが、それでも多くの方がなかなかお金に関しては「難しい」「複雑」というイメージをもち、疎遠になっているようです。

　私がセミナーを始めた8年前に比べてお客様の反応は大きく変わっています。当時は「投資＝怪しい」というイメージをもたれていた方が多かったのですが、いまやNISAやiDeCoという言葉を知らない方はいないというほど、投資にご興味をもたれるようになりました。

　そしてポストコロナの今、新NISAが2024年から始まるということで多くの方がNISAに興味をもっていらっしゃるのはたしかです。ただ、毎日多くの人にお会いしている中で感じるのは、その制度を理解している方が本当に少ないということです。とりあえず口座を開いたけれど、何もしていないという人が多いのも事実。お金の本となるとなんだか難しそうで、読みたくない。面倒だからやりたくない。そんな声もお客様から直接よく聞きます。私自身も40歳で金融業界に入るまでは、まさにそんなことを言っていたタ

イプの人間でしたので、その気持ちはとてもよくわかります。

　今回はそのような方を含め、より多くの方に本書を手に取ってもらいたいという意味も込めて、マンガと会話形式で書いてみることにしました。さらにテーマも三大税制優遇制度に絞ってみました。

　何事もそうですが、まずは小さなことから始めてみることが大切です。投資となるとリスクが伴うし怖い……。であれば、今できる税制メリットだけでも受けてみてはどうでしょうか？　そうすれば、お金と仲良くなれるのではないでしょうか？　最初から無理して大きなリスクをとって投資をする必要はありません。まずは小さなところから一歩踏み出したことで得られる喜びを感じていただきたいと思います。お金に対するイメージが悪いとお金も寄ってきてくれません。まずはお金と仲良く付き合い始めてほしいのです。

　少しの失敗があってもそこからの学びはたくさんあると思います。何もしないよりは、長い目で見ると、結果的に「やってよかった」ということは、人生においてたくさんあるはずです。私自身もお金だけではなく、人生においても一般的に見て失敗といえることを数多く経験してきました。ただし、今振り返るとすべていい経験です。なぜなら、失敗から学んだものはお金では買えない、大変貴重な学びだからです。

　投資はNo Risk, No Return。リスクなしでリターンは得られない。人生も似たようなところがありますよね。無難（難の無い）な人生がHAPPYな人生とは限りません。リスクをとってでも実りのある人生のほうが楽しいかもしれませんね！　少なからず私の人生は今までそうだったので、これからもきっとそうでしょう。

　皆さんが本書を読んで、よりよいマネーライフ、よりよい充実した人生を歩むきっかけとなれば大変うれしく思います。そしてどこかで皆様とお会いできることを楽しみにしております。

森本　貴子

著者プロフィール

森本 貴子（もりもと・たかこ）

ファイナンシャルプランナー、証券外務員二種、相続診断士、終活診断士、脳科学プロコーチ、Happy Kimono Ambassador
大阪府豊中市出身。甲南女子大学短期大学部英語科卒。
OL生活を経て23歳で単身渡米。ニューヨークで20代を過ごす。PwCクーパースの役員秘書、アメリカ人弁護士秘書を経て、世界三大レースでもある米インディカー、仏ル・マン24時間優勝チームのマネジメントに従事。2008年外資系保険会社に入社。2014年から独立系FP会社であるGift Your Lifeに勤務。企業向けセミナーを含む600回以上のセミナーに登壇、個別相談件数3000世帯以上の実績を持ち、脳科学にもとづくプロコーチでもある。ライフワークとして、パリ・オペラ座、ドバイ、クロアチアで日本舞踊を披露。著書に『一生困らない自由を手に入れるお金の教室』（大和書房）、『女子のお金大全』（すばる舎）がある。

「こころとマネーのナビゲーター森本貴子」の
オフィシャルLINEアカウント

STAFF

出版プロデュース	中野健彦
編集協力	高橋一喜
ブックデザイン	久保洋子
漫画・イラスト	にしだきょうこ
校正	植嶋朝子

新NISA＋iDeCo＋ふるさと納税
のはじめ方

2023年10月6日　第1刷発行

著　者	森本貴子
発行人	松井謙介
編集人	長崎　有
発行所	株式会社　ワン・パブリッシング
	〒110-0005　東京都台東区上野 3 - 24 - 6
印刷所	プリ・テック株式会社
企画・編集	福田祐一郎

●この本に関する各種お問い合わせ先
本の内容については、下記サイトのお問い合わせフォームよりお願いします。
https://one-publishing.co.jp/contact/
不良品（落丁、乱丁）については　Tel 0570-092555
業務センター　〒354-0045 埼玉県入間郡三芳町上富279-1
在庫・注文については書店専用受注センター　Tel 0570-000346

ワン・パブリッシングの書籍・雑誌についての新刊情報・詳細情報 は、下記をご覧ください。
https://one-publishing.co.jp/